「伝わるコトバ」の作り方

藤田　亨

はじめに

テレビの番組制作の仕事を始めて、もうずいぶんと長い時間が過ぎました。

大学在学中からラジオ番組にかかわり、気がつけばタレントもやったりしながら放送作家になり、日本テレビの報道局にお世話になってからは、「ニュース・プラス1」から「ニュース・リアルタイム」、今も放送中の「ニュース・エブリィ」と続く夕方のニュース枠で特集プロデューサーを務めています。

「報道特捜プロジェクト」という番組では調査報道を続け、そこから生まれた、架空請求業者に電話をかけてリダイヤルで攻める「特命記者イマイ」では、初回から企画構成として関わってきました。

時には危ない人たちを敵に回し、時には行列のできるおいしい店も取材し紹介してきました。

現在は、放送回数が700回を超えた「真相報道バンキシャ！」で構成も担当しています。

また最近では「ずるい奴らを許すな！　目撃！　Gメン 徹底追求ＳＰ」やら「悪い奴らは許さない！　直撃！　怒りの告発ＳＰ」など、多くの報道特番の企画や構成、プロデュースもしています。


こんなテレビ制作者として生きる中で、これまで、どうすればたくさんの人達に見てもらえるのかそればかり考え、あれやらこれやら試行錯誤を繰り返してきました。

テレビの世界では、全国ネットの**視聴率1％でおよそ100万人、10％なら1000万人が観ている**ともいわれます（正しくはこの数字は世帯視聴率なのでこの計算にはなりません）。

しかし、どんなに優秀なプロデューサーやディレクターであっても、数千万もの人たちを同時に満足させるような、興味深いことや面白いことをいつも考えつくはずはありません。いつもすべての人に満足してもらえる番組作りなんて考えていたら、悩みすぎて寿命を縮めてしまいます。

でも、そんな中でも高視聴率（世帯視聴率15％以上でしょうか）を連発する番組がいくつもあります。

なぜ、そんなことができるのか？

その番組は、なぜ多くの人の関心事に応え続けられるのか？

そんなことを考えているうちに、偶然ある時、自分なりの理屈にたどり着きました。

それは、こんな考え方です。

視聴率20％は80％の人が観ていない、視聴率10％は90％の人が興味を持っていない、というものです。

算数で考えれば当然のことですよね。でも、何が言いたいかというと、**高視聴率を連発している番組でも、全ての人が興味を持って観ているわけではない**ということです。

世の中には生まれたばかりの赤ちゃんもいれば、おじいちゃんもいる。おばあちゃんもいれば若い女性もいる。中年のサラリーマンもいれば主婦もいる。この生まれも育ちも、年齢も性別も違うさまざまな人たちを同時に満足させることなんてできるはずはありません。

だから、こう考えることにしました。

まずは**目の前にいる人だけには分かってもらうよう努力すること。**

目の前にいる人を大切にすること。

そして少なくとも目の前にいる人には「面白かったよ」「驚いたよ」と言ってもらえるように番組を作ればいい！

目の前の人とは自分が本当に観てもらいたい人、ということです。

こうしてみると、これまで多くの人たちに観てもらうためにはどうしたらいいのかと、漠然と悩んでいたことの答えが急に具体的にみえてきました。

ターゲットがはっきりすれば対処の方法がみえてきます。

はっきりと、目の前の人＝観てもらう人を定めて番組を作り始めてみると、大きく外すことがほとんどなくなりました。

それまでは訳の分からない大きな相手に何となく挑んでいたわけで、それは勘だよりの本当に頼りない闘いでした。


1000万人の相手もまずは一人からです。

まずは目の前にいる人を確実に口説き落とすこと。


目の前にいる人に自分の思いが伝えられなければ、100万人や1000万人に自分の思いを伝えられるはずはありません。

以来、目の前にいる人に向けて、企画を考えるようにしました。どうすれば、自分の思いがそこにいる人に伝わるのか、この人には何を伝えれば喜んでもらえるのか、具体的なターゲットをイメージして考えをまとめるようになりました。

そんな時に、大学で授業を受け持つ機会に恵まれました。映像コンテンツ企画について考える授業です。

その中で、学生たちと向き合うと、ユニークないいアイデアを待ちながら、上手に考えを伝えられずにいる学生が多くいることに気づきました。

レポートを出させれば抜群に面白いのに、授業中にプレゼンさせるとそれを十分に伝えられない。それどころか、逆につまらなく見せてしまうようなケースも多くありました。

そうした人たちの多くは、そこにいる全員に認めてもらおうと頑張りすぎて、ムダな緊張をしたり、余計な力が入っています。そのため、本当はもっと上手にできるはずなのに結果はボロボロ。

さらに、企画そのものも全員に理解してもらえるものを目指そうとするため、せっかくの良い提案やアイデアも角がそぎ落とされ、ありふれた普通のものになっていました。

これでは、面白いプレゼンを望めるはずもありません。

これもテレビ番組作りの原理と同じことです。まずは、一人に確実に伝えること。

一人に確実に伝えられれば、必ずその先にいる人たちにも伝わります。

これまでのテレビ番組作りのなかで、僕は目の前の人の心を掴むための、テクニックのようなものを幾つか見つけ、整理してきました。
それは、発想のし方から発想力の鍛え方、ネタ作りの方法などさまざま、多岐にわたります。それを本書でお伝えしたいと思います。

この本はビジネスの参考書としてだけでなく、学生や会社員、個人で仕事をする人、人とのコミュニケーションに悩んでいる人たちに読んで欲しいと思います。
いつの間にか、あなたのひと言に人が振り返り、多くの人たちの話題の中心にいる、そんな姿を思い浮かべながら読んでみてください。

藤田　亨

目次

第2章 1人に伝わらなければ、10人になんて伝わらない
——テレビの仕事の面白くも厳しい「伝える技術」

第3章

「面白い人」「すごい人」と相手に認められる伝える極意と伝わる言葉

第4章 もっと多くの人に、効果的に伝えるためのレッスン

第1章

話せば伝わる、と思っている誤解

「何が何でも伝えよう」とするのは一方的な想い

「誠意を持って話せば分かってもらえる」
「一生懸命向き合えば必ず心は伝わる」
「伝わらないのはお前の努力が足りないからだ」

よく、こんな精神論みたいなことを説く先輩や上司がいます。でも、それは本当でしょうか？

こうした考え方の根幹にあるのは、**自分たちのメッセージを無理矢理にでも、何が何でも第三者に伝えようとする一方的な想いです**。豪腕で押し通せば相手はきっと理解する、いや、させるといった、いかにも昭和の男的な考え方です。

かつては、こうした考え方がもてはやされた時代もありました。でも今は、かなり時代が違っています。

もっとしなやかに、相手に無理強いをせず、お互いが良い気持ちでわかり合える、そんな伝え方を目指すべきです。

そこでまずは、番組作りを通して学んだ、相手に伝えるための絶対ルールのようなものをご紹介したいと思います。

モテる男とストーカー、同じ行為をしても大きな差がでるわけ

こんなケースはどう考えますか？

あなたが男性なら女性を、女性なら男性をイメージしてみて下さい。

あなたが同じ会社に勤めるその異性のことが気になり、意識し始め、そして、好きになったとします。次第にその熱は高まり本当に好きで好きでたまらない、毎日思う

ことはその人のことばかり……みたいな状態になりました。

やがてあなたはその人のことをもっと知りたくなり、同僚から住所を聞き出し電話番号を入手する。でも、どうしても自分からは声をかけられない。

好きすぎてどうすることも出来ない、そんな感情が生まれてきました。

そこであなたがとった行動は、その人の帰りを毎日、駅の改札口でそっと見守るというもの。別に変なことをしようというわけではありません。ただ顔を見たい、出来ればこの気持ちを分かって欲しいという純粋なものです。

いつかはこの思いが伝わる、そう願いながら半年ほどこの行為を続けました。

しかし、その願いが叶うことはなくあなたを待ち受けていたのは、思いが届くどころかストーカー規制法に基づく警察の警告。これ以上、その人に近づいてはならない、次に警告を受ければ逮捕もあるというもの。

警察に呼ばれて、こんこんと、いかに相手の人が迷惑しているか、この行為がなぜ犯罪に問われるのか注意を受けました。

これ、こうして読んでみると、そりゃ警察から警告を受けても当たり前だろうと理解できますよね。

でも、あなたとまったく同じ行為を、同じ人におこなったBさんがいたとします。

Bさんも毎日、その人の帰りを駅で待ち受け、遠くから見続けていました。

ところが**Bさんは警察に注意されることもなく、その熱意が通じて恋愛に発展、そして最後はゴールイン**。

この差って一体何なのでしょう？

やった行為はまったく同じ。ただ、顔を見たくて帰りを待ち、毎日遠くから見つめ続けただけ。

あなたとBさんがおこなったことにまったく違いがないのに、あなたは逮捕寸前でBさんはゴールイン。法の下の平等であるはずなのに、まったく平等ではありません。

では、何が違っていたのでしょうか?

それは、たったひとつだけ……**「相手の気持ち」**。

この場合、あなたの気持ちはまったく考慮されません。どんなに一生懸命訴えても何の意味もありません。

大事なことは相手がどう思うかだけ。

相手に受け入れる気持ちがあるかないかが最大の違いです。Bさんは受け入れられて、あなたは受け入れられなかった、ということだけなのです。

どれだけ努力してみても、どれだけ頑張ってみても、受け入れる気持ちのない人に対してアプローチし続けるのは「迷惑」以外の何ものでもないということです。

つまり、独りよがりの思いはどんなに努力しても伝わらないということ。

その前提を意識するだけで、相手への向き合い方が変わってきます

ルール1 伝わるかどうかは、相手の気持ち次第

悪質商法の、人の心をつかむ見事なアプローチ

こんなケースもあります。

街でこんな人たちに声をかけられたことはありませんか？

「すみません。少しお時間ありませんか？　私は学生ですが、いま、手相の勉強をしています。お急ぎでなければ勉強のために手相を見させて下さい」

これは有名な悪質商法の入り口で使われる勧誘時の最初のひとことです。

真面目そうな学生風の人物の言葉に誘われ、あなたは手相を見せてあげます。すると声をかけてきた人物は熱心に手相を見始め、そしてときどき「うーん、難しいなあ」なんて言いながら、いかにも手相から分かったことがあるかのようにあなたに告げます。

「あなたは一見、明るく積極的に見えるけれど、一人になると落ち込んだり悩んだりしがちですね」「悩みがないように見えるけど意外に小さなことを気にしたりしませんか」

そしてこう続けます。

「もしかするとこの1〜2年、あるいは数年のうちに何か人生にかかわる大きな出来事はありませんでしたか」「それが何かは私には分かりません。でも、きっと何かあったはずです」

そう言われたあなたは自分の過去を振り返ります。

「もしかしたらあのことかも……」

振り返ってみるとそれほど大きなことではないけれど、人生の転機になったかもしれないことは、確かにありました。

「確かにそんなことはありました。それは……」

あなたは初めて会った学生風の人物に自分の過去を語り始めます。

そして気がつけば、これまでの生い立ちやさまざまな出来事、悩みなどを少しずつ

話し始めています。

こうして、初めて会ったその人物はまんまとあなたのあなたしか知らない情報を入手します。家族構成、出身、学歴、会社、住所、悩み、好きなこと、趣味……。

しかし、このやりとりの内容をよく考えてみて下さい。

「あなたは一見、明るく積極的に見えるけど、一人になると落ち込んだり悩んだりしがちですね」

これはほとんどの人に当てはまる当たり前のことです。人間誰しも悩みの一つや二つはあります。普段は考えなくても一人になった時は、ふといろんなことを考えたりするものです。

「悩みがないように見えるけど、意外に小さなことを気にしたりしませんか」

自分では、自分が他人からどう見えているのか分かりません。「悩みがないように見える」そう言われた本人にとっては他人からはそう見えるんだ、という感じです。

そして小さなことで悩んだ経験がない人はほとんどいないと思います。

でも、たったこれだけのことで、あなたは初めて会った人物からの問いかけに頷き、心を開き、「この人は手相だけで私のことを言い当てた」と思い込んでしまいます。

そしてその思いをさらに強固なものに変える、次のひとことがこれです。

「もしかするとこの1〜2年、あるいはここ数年のうちに何か人生にかかわる大きな出来事はありませんでしたか」

ずいぶん緩い適当な質問です。大人が数年生きていれば、そのなかで判断が必要な事態は何かしら必ずあるものです。**つまり誰にでもほとんど当てはまる都合のいい質問です。**

「ここ数年のうちに」「何か人生にかかわる」こんな問いかけをするだけで、この人物は「なぜこれほど私のことが分かるのか」とあなたの心をつかんでしまいます。

そして、問われるままにあなたは過去の出来事を語り、あなたは自分で具体的な事実を話したにもかかわらず「この人は自分の転機まで当てた」と思い込んでしまいます。

こうなれば後は思いのまま。**会話を重ねるなかであなたの情報はどんどん引き出されてしまいます。**

そして、この後、決定的なひとことがあなたに告げられます。

「いま、あなたには非常に大きな転換点が現れています。しかし、残念ですが私ではこれ以上は分かりません」

その人物はいかにも申し訳なさそうにそう告げます。

この人物がこれから、どんな運勢を観てくれるのか、そしてどんなアドバイスをくれるのか、すっかり話を聞く気持ちが高まっていたあなたは、気になるこの一言に心がゆさぶられ気が気ではありません。

その時、ふと思い出したようにこの人物が、携帯電話を取り出して、あるところに電話をかけます。そして電話を終え、こう言います。

「たまたま運良く、高名な先生が事務所におられました。普段、滅多に観ていただくことも出来ない先生が、あなたの転換点を観て下さるそうです」

ここから先は、ご想像の通り。どんどん相手のペースに乗せられ，いつの間にか高額な開運グッズを買わされることになります。

しかし、なぜこんなことになるのでしょうか？

そこにはこんな勘違いがあります。

「この人は私のことを分かってくれている」
「この人は私のために話してくれる」

この場合の相手の目的は、手相を観ることでも、あなたの将来への適切なアドバイスをすることでもありません。

目的はただ、高いお金をだまし取ることだけ。そこに真実はひとつもありません。にもかかわらず人が信じ、高いお金を払ってしまうのはなぜか。

それは彼らが、あなたの持つ不安や悩みのど真ん中に的確なメッセージを投げ込んでくるからです。それに心を揺さぶられたあなたは、彼らの言葉を聞く準備を知らず知らずのうちに始めています。

彼らは、手相を観るという口実を使い、あなたからさまざまな情報を聞き出し喋らせ、すでにあなたに関する完璧なデータをまとめ上げています。

事務所で待つ〝高名な先生〟は、その事前のやりとりから、あなたが持つ悩み、不安、夢、人間関係などは全てお見通し。その後、あなたのことを何も知らないはずの先生は、ピンポイントで正確にそれを刺激するトークを展開し不安をあおり、金をだまし取ります。

街で手相を見せてほしいと声をかける行為は、あなたを自分たちの思い通りに操るためのアプローチです。

まずは、あなたの気持ちを動かし、そこから始まるデータ収集、そして落としのトーク。そこには、**受け入れる気持ちのない人が受け入れてしまう、何重にも張り巡らされたテクニックがあるのです。**

つまり、大事なことは相手のことを知ること。

人を欺そうとする悪い奴らは、徹底的に相手の状況を調べ上げます。

その上で、あなたの心の隙間に入り込み、あなたが興味を示しそうな話を持ちかけてきます。だからあなたはダマされます。

悪徳商法に学べとは言いません。**メッセージを届けるために、相手の状況や心の内を知るための努力をする。**その姿勢だけは参考にしてみてもいいかもしれません。

ルール2
「私のことを分かってくれている」と思わせれば勝ち

中身はバツグンに面白いのに大惨敗

夕方のニュース番組で長い間特集コーナーを作ってきました。

これまでに放送した特集は長いものや短いものを含めると、この夕方のニュース枠だけでも１５００本以上になると思います。

この時間帯は関東地方に住む方はお分かりになると思いますが、18時15分前後になるとテレビ東京をのぞく、日本テレビ、ＴＢＳ、テレビ朝日、フジテレビの4局が同時に特集を始めます。ターゲットにする視聴者層はどこもほぼ同じ、テーマもほとんど同じです。

民放は激しい視聴率争いをしているとよく言われますが、この枠ほど厳しい状況で、各局が視聴者の獲得を争っている時間帯はないと思います。もしかするとどんなゴールデンタイムよりも熾烈な争いをしているかもしれません。

そんななかで失敗談を一つ。

もう何年も前になりますが、ある制作会社がこんな企画書を持って来ました。

「密着！　地獄の特訓　涙々の管理者育成コース」

読んでみるとこの中身がバッグンに面白いんです。


その特訓は管理職を目指す中堅社員が、13日間で精神力、忍耐力、集中力を養い、管理職として完璧な人間を目指すというもの。

特訓の内容は、まさに地獄の特訓そのもの。

それはA4くらいの紙にびっしりと書かれた「基本行動10か条」を丸暗記し、時間内に完璧に暗唱することから始まり、駅前の大通りを挟んだはるか遠くにいる鬼教官に向け大声で、「セールスの心」を伝える歌を一言一句間違えず合格がもらえるまでいつまでも歌い続けたりします。

他にも13日間の特訓の間、とうてい出来そうにない難題をいくつも出され、終盤にはいい加減に書かれた地図1枚を頼りに、重い荷物を背負い仲間と共に助け合いながら40キロ先の目的地まで真夜中の行進をするなど、まるで特殊部隊の訓練のようです。それは目的を達成するために、大人たちが全てのプライドを投げ捨て、ひたすら頑張るというこれまでに見たことがない強烈なものでした。

こんな特訓が全部で14～15種類もあり、この全てを全てクリア出来なければ卒業できません。

この企画書を読んだ僕はモーレツに興味がわき、一読しただけで取材に出すことを決めました。

企業戦士がいかに大変か、社会で戦うということはいかにつらいことか，この企画は家庭を守る主婦たちにも強烈なインパクトを与え、高視聴率は間違いないと判断しました。

取材が終わり、ディレクターが編集してきた映像を観るとこれが想像以上にすごいシーンの連続です。

30～50歳の中堅サラリーマンが、理不尽とも思えるテーマを与えられ、教官に罵倒されながらも立ち向かう。しかし何度やってもはねのけられ、折れそうになる心を奮い立たせ、ついに合格をつかむ。

そしてひとつ合格するたびに男たちが号泣。そんなシーンの連続です。

夕方のニュースの企画は、ひとネタは長くても17～8分です。あまりに面白すぎてこの時間では全てを伝えきることは出来ないと判断した僕は、この企画を2夜連続で放送することに決めました。総分数35分を超す大作です。

通常の1時間番組でもCMをのぞいた正味の放送時間は47分程度です。ほとんど1時間番組と同じような企画が誕生することになりました。

でも、これがとんでもない大失敗でした。

編集に編集を重ね、ナレーションも推敲《すいこう》を重ね、いい音楽も入り自信満々で放送しました。視聴率は翌日の朝10時に出ます。

大切なのは相手が求めているど真ん中に分かりやすい言葉を投げること

次の日、どれ程の高視聴率だったかとワクワクしながら視聴率グラフを見ると、なんとそのグラフは特集に入ると同時に右肩下がり、それも急角度で下落を続け、後は地の底を這うばかり。目も当てられない惨状でした。

気分は大事故です。しかも、翌日も放送。結果は２日目も大惨敗でした。

視聴率のグラフには、どのくらいの世帯が観たのかが分かる世帯視聴率と男性と女性、年齢で分けた世代別視聴率があります。この企画の世代別視聴率を分析してみて、悲惨な結果を招いた原因が分かりました。

夕方のニュース枠でもっとも多い視聴者層はＦ２、Ｆ３と呼ばれる女性の35歳～50

歳、女性の50歳以上です。この層に観てもらわなければいい視聴率は望めません。

詳しく分析してみるとこの企画は、一番大事な層を見事に逃がしていました。むしろ嫌われたといっていいほど数字を下げていました。

彼女たちは自分たちの夫や息子と同じ世代の社会人が、プライドを捨てさせられ、つらい思いをして涙を流す、そんなシーンを拒絶したということです。とても人ごととして面白がってテレビを観るという心境になれなかったようです。

ここでの失敗は、僕がこれほど面白いのだから、きっと皆も面白いはずという考え違いでした。

初めて見る強烈なインパクトに舞い上がり一番大切なことを忘れていました。それは、視聴者の求めに応えているかということ。この企画は、視聴者が求めているポイントとはまったく方向違いの所に球を投げていたということです。

どんなに面白くても、独りよがりでは趣味の世界にほかなりません。重要なのは自分が向き合うべき人に理解してもらえるのかどうか。

メッセージや文章は自分のためのものではありません。他人に見てもらい、伝わり、理解してもらって初めて意味を持つものなのです。

そんな基本的なことを改めて勉強させられた失敗でした。

ルール3 大切なのは「伝えたいではなく伝えて欲しい」こと

客を自分で集め、笑わせて納得させて買わせるカリスマ実演販売人のテクニック

僕の好きなもののひとつに、実演販売人の実演があります。スーパーの催事場や店先で多くの人たちを集めて、軽妙なトークと実演でフライパンや包丁などを売りまくるあのすごい人たちの仕事です。

彼らの手にかかれば、そのフライパンはどんなに焦げ付かせても絶対にこびりつかず、どんなに強く金属でこすっても表面の加工が削れることはなく、どんなに料理が下手でも、そのフライパンを持った瞬間に夢の料理上手に変身できる魔法の道具のように見えます。

包丁も驚きの切れ味です。切れにくいトマトもスパッと包丁の刃が入り、数ミリ単位の薄切りも超カンタン。1センチ近くもありそうな電線もスパスパ切れちゃいます。

お客さんをいじりながら展開するその実演にみんなニコニコ、笑顔と笑いが一杯です。そんな実演をみせながら最後に驚きの値段を発表すると、多くのお客さんたちが我も我もと手を上げ、飛ぶように商品が売れていきます。

聞いた話では、カリスマと呼ばれる実演販売人の中には**1日で100万円近くも売り上げる人**もいるそうです。

これ、すごいと思いませんか？

実演販売人達の仕事は言ってみればライブショーです。お客さんを自分で目の前に集め、楽しいトークを展開しながら、笑わせて驚かせ納得させて、最後は財布からお金までも出させてしまいます。

このすごいライブショーの裏側を知りたくなり、企画を立ち上げ、密着取材をしたことがあります。

その企画名は「どうしてこんなに売れるのか？　カリスマ実演販売人の秘密の舞台

裏」というもの。

企画の趣旨は、気になる達人の秘密のテクニックを見せながら、そのテクニックに見事に釣られ次々と商品を買っていく人たちの様子を面白がろうというものです。

密着をお願いしたのは、休日の催事場などで実演販売を重ね、その圧倒的な販売力から「カリスマ実演販売人」と言われて引っ張りだこの男性でした。

まずは一人の主婦だけのためにデモンストレーション

その密着で、本来はただの通行人に過ぎないお客さんの足を止め、いつの間にか黒山の人だかりにしてしまう、秘密のテクニックを初めて知りました。

カリスマと呼ばれたその男性は、この日販売する100本ほどの包丁を車に乗せ、自分で店に商品を持ち込みました。

ゆっくりと準備を進め、スーパーの店頭に自分の販売コーナーを作りあげました。

まだ、お客さんもまばらな週末の早い午前中です。

すぐに販売に取りかかるかと思えば、食品売り場に出向き実演販売に使う、カボチャやトマト、キャベツににんじん、キュウリなどを仕入れます。

それらをゆっくりと並べ終えると、売り場を離れて店内をウロウロ。しばらくして戻ってくると、ゆっくりと買ってきた野菜を切り始めました。それも何も言わずに黙々と丁寧に野菜を切り続けます。

ひとしきり野菜を切り終え、カボチャやトマトのスライス、キャベツ、にんじんの千切りなどをテーブルの上にきれいに並べました。

販売人なのにこの間ほとんど言葉はありません。これでどうやって売るのかと心配になった頃、切られて並べられた野菜を遠目からチラッと見た中年の主婦に、小さな声でこう話しかけました。

「きれいに切れてるでしょ？」

主婦が野菜を見ると、

「まあ、奥さんはもっと上手だろうけど……」

そう言うと近づいてきた主婦にこう語りかけました。

「奥さん、この包丁本当に良く切れるんですよ」

そして当然のように包丁を手渡します。

主婦が包丁を受け取り、キャベツを切ります。

「どう？　いいでしょ？」

そんなトークを交わしながらカリスマ販売人は再び包丁を持つと、**この主婦ひとりだけのために、包丁のデモンストレーションを静かに始めます**。それもこの主婦だけに聞こえるぐらいの小さな声です。

包丁ワザを次々と繰り出し、見事に野菜をカットしていきます。それはこの主婦のためだけのステージです。

するとしばらくして、その様子が気になったのか、別の女性がのぞき込みました。それでもカリスマ販売人は最初の主婦だけを見て、いろいろなテクニックを披露し続けました。

そして開始からおよそ5分後、気がつけば最初は一人の主婦を相手に小さな声で始めた実演販売コーナーは、多くの人がのぞき込む黒山の人だかりとなっていました。いつの間にか、カリスマ販売人は販売コーナーの前にいる人たち全員を相手にして、笑わせながら驚かせ、お客さんをいじりながらトークのフル回転を始めています。そして、20分ほどのライブショーを終え、クロージング。

その時だけで、20本ほどの決して安くはない包丁を売っていました。

一人が感心すれば他の客が興味をもって集まってくる

後でなぜそんなことになるのか、カリスマ実演販売人に聞きました。
その答えはなるほどと納得させられるものでした。
流れはこういうことなのだそうです。

- まず、お客さん一人をつかまえる。
- 一対一の会話を始める。
- 商品のデモンストレーションを一人のために始める。
- その人だけを見て丁寧に説明をする。
- 他の客が、何をしているのかとのぞきに来る。
- それでも一人のための説明を続ける。

- すると何をやっているのかと気になり、次第にギャラリーが増え始める。
- 少しだけ、他のギャラリーも意識した説明を加える。
- 他の客も興味を持ち始めたところで、全員を意識してトークを始める。
- 客をいじりながらのデモンストレーション、販売トークへ。

この一連の動きの中で彼は、客を集めるために一度も大きな声を上げませんでした。何となくこうしたイベント会場では大きな声で呼び込み、「さあこれから特別なイベントが始まる」といったインフォメーションをするものと思っていましたが、まるでその様子は違っていました。

彼いわく、「包丁などの日用品はみんな持っていて、特に買う必要はないもの」でも、「**持っているからこそ、自分のものと比べてみた時の違いには敏感なもの**」なんだそうです。

こうしたものの場合、多くの客は包丁という商品そのものが欲しいわけではないので、包丁を売るという告知をどんなにしても効果はあまりないそうです。

この時に重要なことは、客に包丁の持つ能力を十分に見てもらうという作業なのだそうです。

デモンストレーションさえ見てもらえば「切れ味がすごい」「自分のものとはまるで違う」ということは分かってもらえます。しかし、一度に大勢の人を集め、見てもらうのは簡単なことではありません。

そのために、彼が考え出した手法は、一人の相手に一生懸命説明しながら見せるというものでした。

見せる相手は一人いれば十分、一人の客が包丁のデモンストレーションを見て驚いたり感心したりしてくれれば、その様子を見て他の客が「何をやっているのか？」と興味を持ち、自然と人が集まってくると彼はいいます。熱心に見ている客を見て、客が集まるという構図です。

だから彼は、**見せる相手を一人だけ探すためにじっくりと時間をかけていた**のです。

10人の観衆の心をつかむには、まずは1人から。1人の心がつかめればその向こう側にいる１００人、１０００人も興味を持ってくれるということを、改めて教えられた取材でした。

ルール4 一人の心をつかめれば、みんなに伝わる

つまり、**メッセージを伝えるための第一歩は、「話せば伝わる」という思い込みを捨てること**。メッセージを伝えるためには、知っていなくてはいけない、人との向き合い方の基本ルールがあることを憶えておいて下さい。

このポイントを押さえて、少しだけ気をつけるようにすれば、あなたのメッセージは格段に相手に受け入れてもらえるはずです。

第1章 まとめ

□ 自分がどうしても伝えたいという強いメッセージは、相手にとっては迷惑なことかも、と考えてみよう。これは、商談にしても提案にしても同じ。恋愛も相手の立場になって考えることで、表現の方法は変わるはず。

□ 相手の状況をよく観察してみることが大切。いま、相手が何を考え、何をしようとしていて、何に悩んでいるのか？　相手の状況を理解することでメッセージの伝え方は変わってくるし、伝わるものになるはず。

□ 一人よがりはダメ。相手が求めているメッセージでなければ、ただの押しつけ、迷惑になると考える想像力が必要。

□ 伝えたいことほど、そっと優しく無理強いせずに。あなただけに、あなただから伝えているという見せ方も必要。そのメッセージがいいものであれば、繰り返しているうちに必ず多くの人に伝わる。

第2章

1人に伝わらなければ、10人になんて伝わらない

――テレビの仕事の面白くも厳しい「伝える技術」

コミュニケーションの天才の、真実をえぐり出す高等テクニック

テレビ業界にはスゴイ人たちがたくさん住んでいます。

次から次へと切れ間なく爆笑トークを展開するお笑いの神様や、インタビューだけで何十年も人気レギュラー番組を続けている大御所の女性タレントや、恐い話だけで夏の間中スケジュールがいっぱいという怪談の達人もいます。

こんなコミュニケーションの天才たちが集まる業界で、僕が直接関わった天才がひとりいます。彼は僕より少し年下なのですが、そのスゴさには本当に驚かされました。

そこには、大笑いさせられながらも、真実をえぐり出す、本人も気づいていない高等テクニックが使われていたのです。

そんな彼の最高傑作があります。

少し自慢っぽくなってしまいますが、僕が番組開始当時から企画と構成を担当していた番組に「報道特捜プロジェクト」という調査報道番組があります。その番組の中から生まれた、**「特命記者イマイ」は、まさに真実だからこそ面白い、圧倒的な存在感を誇る企画**でした。

企画の内容としては、文章にしてしまうと「何だこれ？」というような単純なものです。

突然、郵送やメールで送られてくる「あやしい請求書」や「架空の請求書」に書かれた連絡先に、あえて電話をかけるとどんなことになるか、やってみようというものです。

その請求書の中身は、身に覚えのないネットのサイトの利用料であったり、あまり人には言えないようなちょっとエッチなものの利用料であったりします。その全てが金を騙し取るための架空請求です。例えばこんな感じです。

「あなたが使ったアダルトサイトの料金が未払いになっています。これまですでに延滞金がかさみこのまま放置すれば金額は膨大なものになるので、今すぐ利用料金を振り込んで下さい。

振り込みがない場合は法的手続きに入らせていただきます」


などと脅し文句が並び、数十万円をすぐに払わなければ裁判にかけるなんて書いてあったりします。

しかし、これは全部でたらめで、恐くなった被害者が相談の電話をかけてきたら徹底的に脅して金を振り込ませるというものです。

ですから、こうした通知が届いたら相手にせず無視をするというのがセオリーで、番組を通じても「怪しい請求」は無視するように視聴者のみなさんに伝えてきました。

しかし、実際に電話をかけたらどうなるのか、誰も試したことはありませんでした。

ダマされたふりをして悪い相手を徹底追求していくスゴイ奴

そこで、あえてダマされたふりをしてアプローチする。つまり、あやしい請求書の問い合わせ先に電話をかけ、金をだまし取ってやろうとする輩がどう脅しをかけ、どんな経緯で金をだまし取られるのか体験してみようという企画が持ち上がりました。「これって究極の調査報道だよね……」。そんなやりとりが会議でされて、取材が始まりました。

この担当になったのが、報道特捜プロジェクトの「イマイ」ディレクターでした。この彼がコミュニケーションの天才だったんです。

こうしてその後、ゴールデン番組にもなる「特命記者イマイ」の原型になる企画が始まったわけですが、第1回目のプレビュー（試写のこと。ディレクターが撮影した素材を編集し、プロデューサーや放送作家と何回もこの試写を繰り返して内容をつめていきます）では、突然届いた架空請求のハガキを手がかりに、会社の登記を調べたり、住所を訪ねたり、可能な限りのアプローチをして、会社の実態にたどり着こうとしていました。

そうした上で最後に、問い合わせ先の番号に電話をするという段取りを踏んでいました。

ところが、報道らしく時間をかけ真面目にしっかり取材している前半よりも、イマイが最後に電話をかけて相手を徹底追及、本当のところを聞こうと、あの手この手でやりとりしているところの方が、圧倒的に面白いものでした。

しかし、全体で30分ぐらいにまとめられたVTRのうち、こうしたやりとりの部分は5〜6分ぐらいしかありません。でも、やっぱり面白いんです。

初めてのプレビューが終わった時に僕は、「前半部分はいらないねえ」なんて当時のOプロデューサーにささやいていました。

イマイに聞いてみるとやりとりの部分は、何十時間も収録しているとのことでした。そこですぐにイマイに架空請求業者とのやりとりを中心にした大胆な編集直しを頼みました。


こんな経緯があって、架空請求業者に電話をかけまくる「特命記者イマイ」の記念すべき第1号作品「特捜オンブズマンが行く！　架空請求業者と対決！」が誕生しました。

それから数年にわたり架空請求業者と闘うイマイの電話取材企画が続くことになりました。そして、何本も特番が組まれ、「特命記者イマイ」は毎回、高視聴率を記録する人気企画になりました。

「特命記者イマイ」の、相手を追い込み認めさせるトーク力

この番組の面白さは、なんと言ってもイマイのトーク力にあります。

それは、最初はダマされたふりをして相手の土俵に乗り、金を取れると思わせ、じらし続けて次第に相手を追い込み、最後に取材者としての牙を剥くといった、まるで水戸黄門の勧善懲悪パターンみたいなやつです。

例えばこんな展開が何日間にもわたたって繰り返されます。

ジャパン債権回収機構と名乗るそれらしい名前のところから、「サイトの利用料金が未納になっている」との通知が届きました。すぐに金を払わないと裁判に持ち込むとの記載もあります。

イマイはダマされたふりをして電話をかけ、内容をしつこく確かめ、いかにもすぐに金を振り込むような会話を数日にわたって続けながら、のらりくらりと会話を引き延ばし、話を聞き出そうとします。

そんなイマイに業者の怒りは爆発寸前です。

業者　「どういった手を使っても、オタクの方から回収しますから！　船とか乗ったこととかありますか、オタクは？　漁船の方ですが！」
イマイ「漁船って、魚を捕る、あの？」
業者　「もちろんそうです！　シベリア半島、シベリア半島分かりますか!?」
イマイ「シベリア半島？」
業者　「シベリア半島ねえ、あっちの方とか、いい魚がいっぱい獲れるんでねえ、いいお金になるんですよ、それが。これも経験でしょ、オタクもね！　そういう船に乗れるなんて、一生に一度あるかないかですよ！」
イマイ「ええっ……？　それは1週間ぐらいとか？」

業者　「1週間!?　ふざけたこと言ってるんじゃないよ！　オタク！　数年ですよ。もちろんアレだったら紹介しましょうか？　船主を！」
イマイ　「でもなんで30万円なのに、そんな何年も乗らなきゃいけないんですか？」

こんな会話を何日間もイマイは繰り返します。相手の脅しにもひるまず、その内容についてバカ正直に質問を続けます。

しかしその後も、イマイは金を振り込むと思わせておきながら一向に振り込みには行きません。そんなイマイに、業者の責任者と名乗る男はイマイを担当していたアベというスタッフの指を詰め、責任を取らせたと言い出しました。

業者　「こっちももうアタマが痛いんだ、オタクの件で本当に！」
イマイ　「僕のせいですか？」
業者　「当たり前だろうが、オマエ！　従業員の指が飛んだんだぞ！」

イマイ「指を切ったの、ヨシムラさん（電話の相手）なんですか？」
業者「違うよ！　なんでワシが切るんだ、そんなこと！」
イマイ「誰がやったんですか？」
業者「指詰めのマサっていうスゴイのがいるんだよ！　ウチの従業員に！
スゴイ上手いヤツが！」
イマイ「その人が、いつも、そのぉ……」
業者「うまいのよ！　そいつがもう！」
イマイ「指詰めるのばかりやってる人なんですか？」
業者「指詰めが専門の仕事なんだよ！　そいつはもう！　後でその写真を見せて送ってやるから写真を、指の写真を！　おまえの家に！」

それから数日間、業者の男は手を変え品を変えイマイを脅し続けます。
そしてようやくイマイから「郵便局に行って振り込む」という約束を取り付けます。
しかしイマイは、今度は郵便局のＡＴＭ前に行き機械を操作するものの、振込先口座番号を何度も確認したり、操作方法が分からないなど、もたもたしたフリをして一向に振り込みを行わず、取り扱い時間を過ぎてしまいます。業者はじらされたあげく金も奪えず、その怒りは頂点に達します。

一方、イマイの手元には、架空請求業者が振込先として指定した「口座番号」が残りました。イマイはすぐさま、郵便局に連絡、この口座番号が犯罪に使われていることを告げ、口座を凍結させました。

そして後日、さらにイマイは金を振り込むフリをして業者に電話をかけます。

業者　「（銀行へ）走れ！　おまえ、マサがぴりぴりしとるぞ、おまえ！　マサがぴりぴりしとるぞ、おまえの件で！」

イマイ「あー、いま興奮していらっしゃるんですか？」

業者　「興奮しとるよ！　最近、指飛ばしとらんから！　人間の！　『血が見たい！　血が見たい！』って騒いどるわ！　で、またドス振り回しとるわ！」

イマイ「何を振り回しているんですか？」
業者「ドス……」
イマイ「ドスをいま振り回しているんですか？」
業者「いいから！　取りあえず走れ！　おまえ。なあ！　間に合うような形でやれよ、おまえなあ、必ず電話しろよ！」

その後、業者から銀行の振り込み口座番号を聞き出したイマイは銀行に出向き、あたかもＡＴＭの前で操作しているようなフリをして、電話で状況を伝えます。

業者「日野支店！」
イマイ「何支店ですか？」
業者「日野自動車の日野って言ってんだろ！　おまえ、バカたれ！」
イマイ「ちょっと声が大きくて聞きとれないんです！」
業者「おまえ、静かな声で喋れって!?　うるせえ！　ホント、アタマ悪い、コイツ！」
イマイ「ひ、日野ですか？　ヒバリガオカ……ヒマワリ……、あっ、日野！
ありました！」
業者「おまえ、うるさい！　黙ってやれ！」
イマイ「分かりました」
業者「本当に！　普通口座押せ！　711○○○○」
イマイ「711○○○○」
業者「確認を押せ！　そこで！」
イマイ「畑中○○、○○銀行○○支店って書いてあります」

しかし、結局ここでも振り込まず、その後もしつこくやりとりを続けます。

もちろん入手した口座番号は、架空請求業者が使う犯罪に関わる可能性のあるものとしてすぐに警察に通報、凍結させました。

当然、業者はイマイに対して脅しを強めます。しかしイマイはそれにひるまず、何度も電話をかけ続けます。切られてはすぐさましつこく電話をかけ直す、リダイヤル攻撃を仕掛けます。業者もさすがに何かがおかしいと感じ始めます。
イマイはいよいよ本領を発揮し、業者に切り込んでいきます。

業者　「おう！　俺が話してやるよ、何だよ？」
イマイ　「送られてくるジャパン債権のハガキは架空請求のハガキだっていうことなんですよね」
業者　「うん。それでいいだろ？　もう！」
イマイ　「じゃあ、僕もこれ、払わなくてもいいお金って、いうことなんですよね？」
業者　「払わなくていいよ！」
イマイ　「架空の請求ってことですか？」
業者　「うん、うん、そう、うん！」
イマイ　「でも、こういう電話でおびえちゃう人たち結構いるじゃないですか？

『家に行く！』とか言われたりとか、そういうのをすごくおびえる人たち、世の中にいっぱいいいると思うんですよ。それって、弱い人たちを脅して金を取ろうとしているっていうことですか？」
業者「うん、だから何!?」
イマイ「それはひどいやり方なんじゃないんですかね!?」
業者「それで何だよ？」
イマイ「ご自分の心、痛んだりってことは、ないわけですか!?」
業者「痛みはしないよ……」

こうしてイマイは、業者に電話をかけ続け、最後には架空請求を認めさせてしまいます。

イマイの話術にある心理学応用の「フィット・イン・ザ・ドア・テクニック」

普通に電話をしても決して架空請求を認めさせることなど出来ません。その成功の陰にはイマイの計算された話術があります。

架空請求業者へのイマイの電話には、こんな特徴があります。

まず、**何も知らない市民が欺されたフリをして、相手をその気にさせます。**

そして、会話をする中で「この男は少し頭が悪いのでは」と思わせ、相手を更に安心させ調子づかせます。

次に、言うことを聞くフリをして指示を出させますが、その指示の細かなところにこだわり、結局指示には従いません。その時、いかにも「頭が悪そうな」言い訳を重ねます。こうしたやりとりを徹底的に繰り返します。

そして相手がイライラし始めた頃合いをみて、ことの核心に触れる鋭い質問をぶつける、というパターンです。

イマイのトークが優れているのは、何も知らずにカモがやってきたと思わせるところにあります。その上で、少々アタマが悪そうに振る舞うことで、架空請求業者は、かなりの確率で金がとれると考えてしまいます。

人間は、**一度、自分のものになったと思うと、手放すのがもったいなく思え、逃がさないために多少の無理でも聞いてしまう**という傾向があります。

普通、身に覚えのない請求がされた場合は、問い合わせる人はかなりの警戒心と疑いを持って電話をかけてくるはずです。業者はそうした人たちを相手にダマしてやろうと身構えているため、大変な緊張感を持って受話器を取ります。

そこに飛び込んできたすぐに金が取れそうなカモがイマイです。

業者はこのチャンスを逃したくないと必死に食らいつきます。そこにさらに、イマイの演技で「この男は少し頭が悪いかも」なんてすり込まれてしまいますから、業者にしてみれば「もしかしたら、大儲け出来るかも」なんて考えてしまいます。ここがイマイの狙い目です。

何とか金を振り込ませたいと考える業者は、多少のいらだちを感じながらも、とことんイマイとの会話に付き合うことになります。

イマイはこうした中で「少し頭が悪いフリ」をしながら業者から重要な情報を聞き出していきます。

その時、明らかになるのは、どうやって架空請求業者が電話をかけてきた人をダマし、どうやって誘導し、どうやって脅しながら金を振り込ませるのかといった手口の全容です。

そして、最後には、業者にとって最も重要で不用意には知られたくない、ダマし取った金を振り込ませるための、他人名義の口座番号までもイマイに喋らされてしまいます。

ここまでさんざんつき合わせても、イマイは一向に金を振り込みません。業者も普通ならば、あきらめて早めに手じまいするところなのでしょうが、一度すり込まれた「おいしそうな獲物の感覚」が忘れられずに、イマイとの会話を延々と続けてしまいます。

こうしたなかで、イマイはタイミングを計り、これまでに相手から引き出した情報を元に、突然届いた身に覚えのない請求についての追及を始めます。相手の業者は突然のイマイの変貌に混乱して戸惑います。

しかし、これまでに長い時間、「少し頭が悪いはず」のイマイとの会話を続けてきたため、どこか上から目線のバカにした感覚が抜けず、軽くあしらってやろうと適当なことを言い始めます。

しかしイマイは、これまで「バカなフリ」をして聞き出した、その架空請求のやり口に対する追及の手を緩めません。

ようやくおかしいと気づいて電話を切ろうとしますが、そうはいきません。イマイのリダイヤル攻撃が始まり、全てを話すか、相手の電話がつながらなくなるまでしつこすぎる追及が続くというわけです。

このやりかたは、心理学を応用したセールス手法の「フット・イン・ザ・ドア・テクニック」に近いような気がします。この基本的な考え方は「**ひとつのお願いを聞いてしまうと、さらなる大きなお願い事も断りづらくなる**」というものです。

実際に街で行われている展覧会商法と呼ばれるものもそのひとつです。

例えば、繁華街などで「特設会場で絵画展をやっています。無料のチケットを差し上げていますからご覧になっていきませんか？」と声をかけられ絵画展を見に行ったとします。

「どの絵が気に入りましたか？」「お目が高いですね？」などと勧められると断りづらくなり、買ってしまうというのがそれです。

イマイの場合もこのテクニックを上手く使っているような気がします。

初めに「金を振り込む」と思わせることで、架空請求業者は目的の達成を感じ取り

「少しの無理には付き合わないといけない」と心理的なガードを下げてしまいます。

そのため業者はイマイの発する「少し頭の悪い」質問に対して、親切に分かりやすく答えてしまいます。

しかし、一度、このイマイの質問に答えてしまうと後はずるずると付き合わされ、いつの間にか、普通の状態ならば絶対に明かさないことまで、あれこれと答えてしまうという訳です。

受け入れやすいお願いを聞いてしまうと、相手の心理的ガードが下がる

このテクニックはビジネスの場でも役立ちます。

例えばあなたが、知り合って間もない得意先の人を接待に誘いたい時に、「今度、食事でもお願いできますか?」と誘っても実行されるかどうかは相手次第、大体は、

あいまいな返事をされてお茶を濁されてしまいます。

しかしこの「フット・イン・ザ・ドア・テクニック」を応用して、まずは受け入れやすいところからアプローチしてみると、その様子はかなり変わります。

例えば出張先からのお土産を買ってきて「これ、おいしそうだったので出張先で買ってきました。お昼休みに皆さんでどうぞ」、なんてお菓子などを手渡します。この程度なら、あまり露骨に断られることはないはずです。

こうして一度、受け入れやすいお願いを聞いてしまうと相手の心理的ガードは下がります。

そして次回、訪問したところで、「あのお菓子どうでした？　なかなかイケませんでしたか？」などと質問してみます。

これは効果的です。**人は何かをしてもらったら、その好意に報いなければならないという心理が働きます**。そのため、それまで挨拶することすら出来なかった相手が、お土産について感想を聞かせてくれます。

これはあなたからお土産を受け取ったことで、相手の心理的ガードが下がっただけでなく、実はお土産をあげたことで、すでにあなたが優位に立って、ものごとが進み始めているということでもあります。

そして、相手の心理的なハードルが下がったと感じられたら、なるべく早いタイミングで、

「もしよければ、昼飯でもいかがですか？」などと誘います。一度、お土産をもらった相手です。しかもまだ満足にお礼も言えていない相手のランチの誘いを完全に拒否する人はまずいません。こんな展開が想像できませんか？

あなた「先日のお土産、どうでしたか？」
相手　「ありがとう。スタッフでおいしく頂いたよ」
あなた「お口にあって良かったです」
相手　「女性たちに好評だったよ」
あなた「うれしいですね。お時間があれば、これから昼飯はどうですか？」

相手　「そうだねぇ」

こうして、最初は比較的ハードルの低い要求をのませ、徐々にハードルを上げていきます。「昼飯」の次は「夕食」、そして「ちょっといいワイン」、そして、最後は「商談」と、一度受け入れた相手は、**断るタイミングを失い、気がつけば高い要求を飲まされているる**というわけです。

人の心理を上手く突くと意外な効果をもたらします。

「特命記者イマイ」は知っていたのか知らずにやっていたのかは分かりませんが、そんな面白さを教えてくれた番組でした。

どんな交渉でも有利に進めるすごい人たち

もうひとつ、こんな例もあります。

長い間、報道の仕事をしているといろいろな人たちと出会います。

僕の場合、一時期、いわゆる反社会的勢力のコワイ人たちを取材対象にしていたこともあり、あまり普通の人たちが普通に生活している中では出会うことがない人たちとも接してきました。そんな取材の中で何度も「なるほど！」と、思い知らされたことがありました。

それは取材で話を聞きに行った時に続けて起きました。

話を伺いたいと、繁華街の喫茶店で待ち合わせをしました。どんな取材でもそうなのですが、こちらからお願いして話を聞かせてもらうわけですから、待ち合わせ時間に遅刻することは絶対に許されません。ですから普段から取材に行く時は少なくとも15分以上前には到着して、相手を待つように心がけています。

その日も、いつものように取材相手との待ち合わせ場所に20分ほど前に到着しました。当然、相手よりも先に着いているだろうと安心して店に入りました。

店内を見渡し、人に邪魔されず話を聞くことが出来そうな席を探しました。すると、そこには取材相手が先に着いていました。それもテーブルに置かれた灰皿には、吸い終わったタバコが山積みになっています。

待ち合わせの時間には、まだ20分もあります。遅れてきたわけでもなく、特に謝る必要もないはずですが、僕はこう挨拶をしていました。

「お待たせしてすみませんでした」

すると相手は迷惑極まりないといった顔で

「1時間ほど前からお待ちしていました。マスコミは話を聞きたいと呼び出しておいて人を待たせるんですな……」

話を始める前に、いきなり強烈なジャブを放たれました。しかも、相手はこの日、初めて会うコワイ人です。

この一撃で完全に主導権は握られてしまいました。結局、この日の取材は終始、相手ペースで進み、聞きたい話の半分も聞けませんでした。

またある日はこの反省を元に、1時間近く前に待ち合わせ場所に行きました。この時はさすがに相手も来ていません。これでいきなりガツン！　とやられず普通の話が聞けると思っていました。

しかし、この時はなかなか相手が現れません。待ち合わせの時間から40分から50分たった頃でしょうか、ようやく相手が現れました。この時ばかりは逆にイヤミのひとつでも言ってやろうと思い、それでも遠慮がちに「お待ちしていました」と言いました。

すると、その人は逆にこう言い放ちました。

「そうですか。こっちは別に話をしたくて来ているワケじゃない！　そちらが話を聞きたいと言うから来てやっているのに、その言いぐさはないだろう！　不愉快だから帰る！」

その先はご想像の通り。なぜ謝らなくてはならないのかもわからないまま失礼を詫び、不愉快にさせてしまった人のご機嫌を取りながらの取材となりました。これでは、きわどい話を聞くことなど出来ません。

早い段階で上の立場になれば、交渉や条件闘争は勝ったも同じ

こんな経験を何度も重ね、取材を続ける中であることに気づきました。

それはこうした人たちの多くが、かたちはそれぞれ違えども**大体同じような展開で相手よりも優位に立ってから、事を運ぼうとする**ことです。

共通することは、どんな些細なことでも、相手の弱いところや気に入らないところを見つけて、それに文句を付け怒ってみせるという手法です。

時にはこちらに落ち度がなくても、ほとんど言いがかりのようなことで怒り出したりもします。

そうされると、主導権は完全に相手に握られ、交渉ごとなどはいつのまにか相手ペースになり、とんでもない条件を飲まされてしまいます。

こうした経験から学習したことは、難しい話をしなければならない相手に対して、**最初に優位に立つことの重要性**です。

上の立場に早い段階でなってしまえば、交渉や条件闘争は勝ったも同じです。逆に相手は、それをどこまで押し戻すことができるかという守りの態勢にならざるを得ません。

このテクニックはビジネスの場では大いに役に立ちます。

例えば、大事な商談がある時には、少なくても30分以上前に着くようにしましょう。遅刻しないのは当然のことですが、相手よりも先に着いているだけでプレッシャーを与えることが出来ます。

自分より先に来ているあなたを見て、商談相手はこう切り出すはずです。

「お待たせしてすみません」

ここでガツンと文句を言うと、恐い人になっちゃいますが、謝られたあなたは笑顔で、

「そんなことはありません。お気になさらず」

こう答えるだけで、商談のスタートは優位に始められます。

「この意味が分からない！」で最終的な打ち合わせでの大直し

いつも同じ会社で、同じようなメンバーで顔を合わせ仕事をしていると、いつの間にかルーティーンになっていたり、なんとなく収まりどころはこのあたりだろうとか、ゆるい仕事になっていることもあると思います。

そんな時は、思い切ってその流れを断ち切り、あえて「**反対する勇気**」が必要です。

番組を新たに始める時には、何ヶ月も前から何度も会議を行います。

会議の進め方は最初に番組の発案者が書いた企画書に基づいて、この番組はどんなことをやる番組なのか、ターゲットとする視聴者はどんな人たちか、メーンのＭＣは誰にするのか、ＶＴＲ中心の番組なのか、スタジオはどうするのかなどなど……。

基本的なことから話し始め、各コーナーはどんなことをやるのか、タイトルやロゴはどんなイメージでいくのか、ナレーターは誰にするのか、などさまざま多岐にわたることを詰めていきます。

そんな会議を連日、壁に貼ったタイムスケジュールをにらみながら、ああでもないこうでもないと、わがままなプロデューサーや個性的なディレクターや構成作家などを交えておこなっているわけですから、放送開始が近づくにつれて、やることに追われ大変なことになります。

特に放送前１週間を切る頃になると、連日、ほぼ徹夜みたいなことも珍しくありません。そうなってくると段々中身の詰めも甘くなってきます。

「まっ、そんな感じでいいか」「いいんじゃないの！」なんて言葉が飛び交い始めるのもその頃です。

しかし、いくら疲れていてもそこで妥協するとろくなことはありません。**徹底して詰めて、詰めて詰め切らないと後で必ず後悔します。**

番組のＶＴＲ作りも同じです。会議を重ねテーマを決め取材をし、その後、ディレクターが編集、何度も何度もプレビュー（試写）を重ねて再編集をして完成版に近づけていきます。

しかも、プレビューをする相手は一人だけではありません。

僕が構成作家として番組の立ち上げから参加している「真相報道バンキシャ！」では、プロデューサーにチーフプロデューサー、番組デスクに総合デスクといった番組幹部が勢ぞろいしてＶＴＲのプレビューを繰り返します。

これまでそれぞれが制作者としていろいろな経験を積んできた人たちを相手にするプレビューですからこれは大変です。十人十色の意見が飛び交い、ディレクターは一生懸命編集してきたＶＴＲを元の姿が無くなるぐらいに直され、生放送に間に合わなくなる直前まで編集に追われます。

そうして出来上がったＶＴＲは、さらに、放送直前におこなわれる司会者との打ち合わせでプレビューにかけられ、内容を説明、確認してもらい、放送されるという手順を踏みます。ここではキャスターの他にも報道の幹部などが立ち会い最終的なチェックをします。

この時は、基本的には事実関係の確認と間違いのチェックにとどまります。そして同時に、またはその後、ナレーションを撮り、ようやく放送となります。

多くの番組では普通、このタイミングでは大きな直しは発生しません。生放送直前の編集直しは、下手をすると放送に間に合わなくなったり、決定的な事故を起こす恐れがあります。従って、**少々分かりにくいくらいなら目をつむる**こともあります。

しかし、「真相報道バンキシャ！」の放送開始当初は、この最終的な打ち合わせでの大直しが幾度も発生していました。それはいつも、「真相報道バンキシャ！」を立ち上げた責任者のひと言から始まりました。

「俺にはこの意味が分からない」

「みなさんは分かっているだろうけど、俺は分からない」

この報道の幹部は、制作の経験も長く数多くの人気バラエティー番組を作ってきた人でした。この幹部が報道にやってきて、僕らにいつも言っていたのが、「番組はいつもあると思うな。ニュースの枠がいつもあると思って甘えていてはダメだ」というものでした。

この言葉には、目から鱗が落ちる思いでした。

バラエティー番組はその時どんなに評判が良く視聴率を取っていても、毎回毎回、手を変え品を変え工夫を重ねていかないと、いずれ視聴者に飽きられ番組が終了、ということになります。

一方で、報道のニュースは視聴率や分かりやすさも重要ですが、正確で早いという面がより重視されます。視聴率は、ちゃんとした報道さえしていれば後でついてくるという感覚です。

「誰にでも分かりやすく」「番組は視聴者のために作っている」の基本

この時、新しく立ち上がった「真相報道バンキシャ!」は報道の番組であってもいわゆる通常のニュースではありません。もっと面白いものがあればいつでも代えられてしまう可能性のある番組のひとつです。

報道を長くやっていると、いつの間にか専門用語や理屈っぽい話にも慣れてしまいます。次第に、これくらいならみんな分かるだろうと考えてしまうこともあります。**何となく分かったような気分になっている時もあります**。それをこの報道の幹部はことごとく打ち崩してくれました。

「番組は視聴者のために作っている」この基本的なことを改めて確認させられました。

「誰にでも分かりやすく」

「少しでも分かりにくいところがあれば可能な限り直す努力を」

「一部分でも分からなくなったら全部分からない」

番組の発足当初、毎回のようにこうしてギリギリのタイミングでのダメ出しをされ、「真相報道バンキシャ！」のスタッフは相当鍛えられました。

直せる限りは、視聴者に伝わるようにとことん直す。

編集が間に合わなければナレーションを分かりやすく工夫する。

「まっ、そんな感じでいいか」なんて妥協は許されません。

このダメ出しは相当な思いと覚悟がなければできるものではありません。

誰もがおおむね納得してまとまりかけた時、全体の流れに逆らって発言するのは大変なことです。

また、これまで長い時間をかけて積み上げ完成を目前にしたスタッフの心情を考えると、なかなか言い出せるものではありません。しかし、何のためにやっているのか、その原点に帰ればそんなことを言っている場合ではありません。

２００２年の放送開始からずっと「真相報道バンキシャ！」は高視聴率を保ち続けています。いまのバンキシャ！が好調を保っていられるのも、この時の教訓があるからなのかもしれません。

第2章 まとめ

□ 人は、一度獲物が手に入ったと思うと手放すのがもったいなくなり、逃さないために多少の無理でも聞いてしまう性質がある。

□ 同時に、人には何かしてもらったらその好意に報いなければならない心理が働く。
⇓ フット・イン・ザ・ドア・テクニック

□ 交渉ごとに立場や肩書きは重要じゃない。相手よりも精神的に優位に立つことが大事。

□ 相手より30分早く待ち合わせ場所に着くだけで、優位に立つことができる。遅刻はもってのほか！ それだけで相手に主導権を握られてしまう。

□ 自分の中の違和感を大切に。どんなに締め切りが迫っていても、それを見過ごすか見過ごさないかで、完成度は天と地ほどに変わってくる。

第3章

「面白い人」「すごい人」と相手に認められる伝える極意と伝わる言葉

短時間で物事の要点を伝える、結論を先に言う会話

この本を読んでいるみなさんも、日々仕事にプライベートにと忙しいのではないでしょうか。

大体いつも僕たちマスコミの人間は忙しく動いています。あまり時間に余裕がなく挨拶もそこそこに本題に入りやりとりを交わします。

仕事をしている上で無駄に長い話や、どこに着地するのか分からないような話はいちばん嫌われます。

ですから**会話の始まりの多くは、どうしても結論から話し出す**ということが多くなります。例えばこんな感じです。

「例のあの企画、昨日、会議にかけてみたけどダメだった。編成が言うには面白そう

だけど営業的にスポンサーの抵抗が強くて、無理なんだって」

「どうすればいい？」

「警察もの、悲惨系はナシ。家族向けの安心してみられる企画が欲しいって」

「了解」

これだけの会話で大体全ての内容が伝わる、そんな感じです。この先は、話した相手がどこまで知りたがっているかによってさらに詳しく話したり、自分の感想や他の人が何を言っていたかなどを加えていくこともあります。

マスコミの現場で働く人たちの会話は大体がこんな感じなので、何だか味も素っ気もありませんが、伝えるべき内容は誤解なく正しく伝わるような気がします。

結論を先に言う会話――。時間がない時にピッタリの方法です。

実は、こうした話し方のお手本は、皆さんが日常的に触れているものの中にあります。それはテレビのニュース原稿です。

ニュース原稿を書く時に必ず意識しなければいけないのが、ご存じの５Ｗ１Ｈです。

「いつ」「どこで」「誰が」「何を」「なぜ」「どのようにした」というおなじみの5つのWと1つのHです。この5W1Hが満たされていないニュース原稿は、一見上手に書けているように見えても、どこか物足りない何かが欠けたものになってしまいます。

5W1Hを前の会話に当てはめると、

「（いつ）昨日」
「（どこで）会議で」
「（誰が）編成が」
「（何を）例のあの企画を」
「（なぜ）スポンサーの抵抗が強くて無理」
「（どのように）警察もの、悲惨系はナシ・家族向けの安心してみられる企画」

これで全て盛り込まれています。つまり、このポイントだけを押さえていれば必要な最低限の情報は伝わるということです。

ニュース原稿に学ぶ伝え方の基本

この５Ｗ１Ｈはニュース原稿を書く時の基本中の基本ですが、実際にニュースの原稿を書く場合は気をつけなければならないポイントもたくさんあります。しかし、それは、**一度覚えてしまえば正確に分かりやすくものごとを伝えられる文章を書くことが出来る**、伝えることが出来るという利点があります。

例えば、あなたが記者でこんなことに遭遇したとしましょう。

- 横浜市で民家の火災が発生した
- 日時はきのう2月14日土曜日の午後2時頃
- 家は一家４人暮らし。全員外出中
- 家は住宅街にありおよそ40坪の敷地に５ＬＤＫ

・家は全焼
・後日、聞き込みをおこなう警察官は「放火の疑いもあるので調べている」と言っていた
・火事の後、近所に住む人は家の主人から「なぜ火が出たのか分からない」「まったく心当たりがない」と聞いていた

ざっとこんな火災に遭遇したとします。これをニュース原稿にするとどうなるのか？　ちょっとそれ風にまとめてみます。

「きのう、午後２時頃、横浜市の住宅街で、５ＬＤＫの住宅１棟を全焼する火災がありました。家族４人は全員が外出していて、けが人はありませんでした」

とまあ、こんな感じにまとめるのがニュース原稿の最も基本的な形です。

そこにはこんな原則があります。

最初に、いつ、どこで、何が起きたかを伝えること。ここでは、「きのう、午後2時頃、横浜市の住宅街で、５ＬＤＫの住宅1棟を全焼する火災がありました」

という最初の一行です。最悪の場合、ここで放送時間がなくなっても、いつ、どこで、何が起きたかは伝えることが出来ます。

その後は、さらに内容を詳しく伝えます。

「家族４人は全員が外出していて、けが人はありませんでした」という文章がそれになります。

この文章は最初の、「いつ」、「どこで」、「何が」という一行が成立していて、事実が伝わっていないと必要な内容にはなりません。一方で、この一行が加わることでより情報の多いニュースになります。

さらに放送時間があるようであれば、こんな一行を追加します。

「きのう、午後2時頃、横浜市の住宅街で、5LDKの住宅1棟を全焼する火災がありました。家族4人は全員が外出していて、けが人はありませんでした」「警察は『何者かに放火された疑いもある』とみて調べています」

この情報は時間がなければ、カットしても差し支えないものです。ただ、こんな情報が入ることでニュースは厚みを増し、視聴者に疑問を残させることなく伝わります。

「事実」なのか、「見立て」なのかをはっきりさせる

では、もう一度このニュース原稿風の文章を見てみましょう。

「きのう、午後2時頃、横浜市の住宅街で、5LDKの住宅1棟を全焼する火災がありました。家族4人は全員が外出していて、けが人はありませんでした。警察は『何者かに放火された疑いもある』とみて調べています」

この原稿は3つのセンテンスで出来ていますが、よく見るとひとつだけ表現が違うことが分かります。

1行目と2行目は記者が実際に取材して分かった事実なので、文章の語尾は言い切っています。最後の3行目だけ、**誰がどう見ているのかという「見立て」の表現になっています。**

客観性が重要なニュースの原稿では、記者はこうした書き分けを意識して、より情報が正しく伝わり分かりやすくなるよう、心がけています。

例えば、この原稿がこう書かれていたらどうでしょう?

「きのう、午後2時頃、横浜市の住宅街で、5LDKの住宅1棟を全焼する火災

何者かに放火された疑いもあります」

これはこれで何となく成立しているように見えますが、問題は最後の1行です。「何者かに放火された疑いもあります」。これでは、誰がそう思っているのか、なぜそう考えるのか、この1行が書かれた根拠がまったく示されていないので、この1行を聞いた人たちには多くの疑問が生まれ、全体の信ぴょう性にもかかわります。

ですからこうした疑問を残さないように、記者たちはニュース原稿を書く時に、その1行は、事実なのか、見立てなのか、伝聞なのか、可能な限り正確に、ポイントを押さえながら書き分けるよう教えられています。

まとめると、次のようになります。

①事実については可能な限り、簡潔に。「いつ」「どこで」「誰が」「何を」「なぜ」

「どのようにした」。その時、予断がないように書く。

↓「きのう、午後２時頃、横浜市の住宅街で、５ＬＤＫの住宅１棟を全焼する火災がありました。家族４人は全員が外出していて、けが人はありませんでした」

②見立ては、誰がどう見立てているのかを具体的に分かりやすく。

↓「警察は『何者かに放火された疑いもある』とみて調べています」

③火災現場を取材して興味深い話が聞けた場合などは、伝聞《でんぶん》として誰がどう言っていたかを可能な限り正確に書き分けて伝える。この時、伝聞であることは絶対に省かない。こんな感じで。

↓「家の所有者の男性は火災の原因について『なぜ火が出たのか分からない』

『まったく心当たりがない』と、近所の人に話していたということです」

こうして完成するニュース原稿はこうなります。

「きのう、午後2時頃、横浜市の住宅街で、
5LDKの住宅1棟を全焼する火災がありました。
家族4人は全員が外出していて、けが人はありませんでした。
警察は『何者かに放火された疑いもある』とみて調べています。
家の所有者の男性は火災の原因について
『なぜ火が出たのか分からない』
『まったく心当たりがない』
と、近所の人に話していたということです」

ニュース原稿の構成の基本は知り得た事実のうち、重要な事実から順番に伝えてい

くということです。

重要な事実を伝えた後は、問題の原因に迫るような見立て、そして関係者などの証言を伝える伝聞といったように、順に大切な事柄を並べていきます。

こうすれば、短い時間でも重要なことだけは、確実に伝えることが出来ます。

伝えたいことがある場合は、普通の会話では1から順に話して2、3、4、……10と説明したくなるところを、あえて結論から話し始めること、そしてその後に、補足情報を大切な順に伝えていきます。

そうすれば、時間のない時には、後半をカットしても重要な情報だけはきちんと伝わります。

こうした伝え方は、会社での報告にも役立ちます。ニュース原稿の作り方を参考にした報告は、ポイントを押さえた短い時間で正確に伝わるいい報告になるはずです。

「面白い話があるんだけど」はNGワード

人にとっておきの話をする時に、ここぞとばかりに「面白い話があるんだけど」などと言って話し始める人がいます。

これは、一見、人の興味を引きつけ、注目してもらえるいい話し始めにみえますが、この導入はダメという人も多いようです。

これから「面白い話」をすると宣言してから始めると、聞き手側は「どんな面白い話なんだろう?」と期待感を高めてしまい、その結果、少々面白い話を聞いても「なんだ、その程度か……」と思ってしまいます。

ですから、面白い話をすることが仕事の芸人たちの多くは、こうした導入を「ハードルを上げる」話のふり方としてとても嫌がります。

時々、イベントなどで、芸人さんとのからみに慣れていない司会者が「では、とっておきの面白ネタをお願いいたします」なんてやらかして、芸人を怯えさせているシーンを目にします。

まあ、それはそれで面白い展開とも言えそうですが、セオリーではありません。

では、話を聞いてもらいたい時の導入はどうすればいいのでしょうか？

まず大切なことは、話をちゃんと聞いてもらうために、相手に注目をうながす入り口を準備することです。

しかし、この時にハードルを上げてはいけません。

ＮＧワードは「面白い話が……」「とっておきの話が……」みたいなやつです。

こういった導入は確かに注目してもらうことは出来ますが、その一方で、**聞き手側のハードルを最上限にまで上げてしまいます**。

このハードルを越えられる話はそう滅多にあるものではありません。

また、これを超えるためには、相当な話術が必要になります。

余談になりますが、フジテレビで不定期に放送している「人志松本のすべらない話」は、いま活躍している芸人の中でも、トップクラスの座談の名手を集めて収録、放送しています。

しかし、こんな名人たちでも「すべらない話」として、思いっきり注目度とハードルを上げて臨むこの番組は、緊張で口が渇き、胃が痛くなるそうです。それでも、笑いを獲れる人たちの話術は素晴らしいものだと思います。

でも、普通の人はそんなにチャレンジングなことをする必要はありません。

「ここだけの話」「内緒だけど」の効用

実は、ちょっと面白い話や、聞いてもらいたい話がある時に、相手を話を聞く気持ちにさせ、なおかつハードルを上げずに済む便利な「ふりワード」があります。

それが「ここだけの話」「内緒だけど」という言葉なのです。

この「**ここだけの話**」「**内緒だけど**」という言葉には、どこか２人だけの秘密みたいな響きがあります。

こうした言葉をそっと囁かれると、思わず身を乗り出して「えっ!? 何？」なんて反応しちゃったりします。

そして、この先に続く話は「ちゃんと聞かなきゃいけない」なんて思わせたりもします。多くの人は、このひとことの後に「何か重大な告白」があると想像するはずです。

つまり、この２つの言葉は、**この後に続く話の展開を、真面目な方向へ導くイメージを持った言葉**ということになります。

面白さや笑いは、人の想像が裏切られたときに生まれます。そのギャップが大きければ大きいほど面白さも増します。

一方で「面白い話があるんだけど……」と話し始めると、その先に続く面白い話とのギャップは生まれません。その結果、面白い話も面白く聞こえなくなってしまいます。

ではなぜ、「ここだけの話」「内緒だけど」のような言葉を導入に使うと、話のインパクトが増し面白く聞こえるのか、また、どう使えば、人の興味を引きつけ注目してもらえる話ができるのか、具体的に考えてみましょう。

「ここだけの話」「内緒だけど」と切り出された時、多くの人はこれから始まる話に、ある種の期待を抱きます。それは極めて大切な話というイメージです。

それを理解した上で、このイメージを裏切る、当たり前すぎるどうでもいい話を続けてみるとどうなるか試してみます。

仲のいい友人たちと、食事をして飲んで盛り上がり夜も更けてきました。気がつけば午前4時、夏の夜は明け始めています。

そんな時に、あえて盛り上がる話を遮って、友人たちに神妙にまじめな顔をしてこう切り出してみたらどうでしょう。

「ここだけの話、外は夏だよ」

どこが面白いのかなかなか説明できない面白さですが、仲間同士で盛り上がっている最中に、こう切り出されたら思わずニヤリとしてしまいそうな不思議な展開です。続けざまに、こんなのもウケそうです。

「内緒だけど、外は夜だよ」

なぜ、「ここだけの話」「内緒だけど」の後に、みんなが分かっている当たり前のことを続けるだけで、不思議な面白さが生まれてくるのでしょうか？

実はそこにはすでに大きなギャップが生じているからなのです。

この「ここだけの話」「内緒だけど」という言葉には、**先に書いたように「何か重大な告白」があるかもしれないなどと想像させる力**があります。

ですから、そうした言葉に続く後の言葉が、普通であればあるほど、人の期待を裏切るギャップを生み、面白く聞こえるというワケです。

こうした話術を得意にしているのは、新宿2丁目あたりに生息するお姉さん（？）たちに多くいます。そこではこうした展開が毎晩遅くまで繰り広げられています。当然、店にいる全員が知っているのに、ママは真剣な面持ちでこう切り出します。

「絶対に内緒にしてね！　私こう見えても男なの！」

するとすかさず横にいたお姉さんが

「ここだけの話よ！　私はオカマなの！」

するとさらに横のお姉さんが

「えっ!?　知らなかったわ！　ババアだと思ってた！」

とこんな会話が一晩中繰り返されています。

またこの展開は、普通の当たり前の話を面白く聞こえさせるだけでなく、面白い話を始める時にも効果を発揮します。

話出しを「面白い話があるんだけど……」ではなく「ここだけの話なんだけどね……」「内緒なんだけど……」とするだけで、あなたの話のウケ方は格段に変わると思います。

「あなただけは特別」と思わせたら勝ち

そしてもうひとつ、この「ここだけの話」「内緒だけど」という言葉には、「ちゃんと聞かなきゃいけない」と思わせる力もあります。

こう囁かれた人は「あなただからお話しする」といった特別感を感じるはずです。

人はこうした特別待遇に弱く（たぶん嫌いな人はいないと思います）何となくいい気持ちになったりもします。

突然、話を持ちかけられても「ここだけの話なんですけど……」なんて囁かれると

「何だ？　何だ？　だったら、聞いてあげようか……」みたいに、少し上から目線の上司みたいな気分になって、話を聞く姿勢を整えたりします。

僕らはこうした素敵な1行をいつも探しています。

こうした人を注目させる最初の1行ほどの原稿を、ニュースの世界ではキャッチと呼んでいますが、このキャッチが上手く書けていると、その後に続く原稿への注目度は驚くほど違ってきます。

たとえば、SMAPの解散を伝えるニュースでこんなキャッチがありました。

「国民的アイドルグループがまさかの決断です」
「海外でも衝撃をもって伝えられています」
「深夜に届いたFAX。その裏側で何が？」

たった1行の短い原稿ですが、こうしたキャッチによって「えっ！　何!?」とニュースに注目したことがある人も多いのではないでしょうか。

「ここだけの話」「内緒だけど」という言葉は、このキャッチに似ています。それも、どんな時でもハードルを上げずに人の注目を集めることができる、スペードのエースみたいな存在です。

誰かにどうしても伝えたい話がある時は「あなただから伝えたい」と感じてもらえるような、こうしたいつでも使えるキャッチな言葉を準備しておくと、あなたのメッセージはより届くようになります。

いい言葉が見つからなければ、**多少無理矢理でも「ここだけの話」「内緒だけど」と話し始めてみる**のもいいかもしれません。

表現力を高める、映像を頭の中でイメージ化する技術

初めて会う人や仕事先で相手に認められるためには、「楽しい人」「面白いヤツ」なんて思われるのが一番だと思います。

僕たちの仕事も同じです。取材先からいいネタを取るには、まずは相手と仲良くなることが肝心です。

そんな時に大きな差がつくのが話術です。ですが、話の内容はあまり関係がないような気がします。

どんな内容であっても、顔と名前を覚えてもらえるようなきっかけとなる話が出来ればいいのです。

大切なことはその話が相手に面白く伝わるかどうかということ。つまらない話は聞かされる方にとっては時間のムダでしかありません。

では、どうしたら、相手を楽しませられる会話ができるようになるのでしょうか？

そのお手本は、すぐそこにあります。

スポーツ中継のアナウンサーです。


例えばこんなスポーツ中継をどこかで聞いたことはありませんか？


「まもなく午後6時のプレーボールを迎える西武ライオンズ球場です。

はるか彼方の秩父連山の山並みが、あかね色の夕日に映され鮮やかなシルエットとなり浮かび上がっています。

埼玉西武ライオンズ対北海道日本ハムファイターズ、西武の3勝4敗で迎えた8回戦であります。

初夏のさわやかな風が吹きぬける満員のライト側スタンドには、揃いのユニホームを着たライオンズ応援団が楽曲のうち合わせでもしているのでしょうか、リーダーを中心に円陣を組み語り合う姿が見えます。

そして、1塁側スタンドには大学生と思われる若い女性の集団が、応援する選手たちのために作った横断幕を広げ始めています。

マウンドを整備するグランドキーパーが引き上げ、程なくプレーボールの時を迎えます……」


これが実際の球場で放送席からアナウンサーが喋っていれば、本当の野球中継になりますが、実際にはこんな中継がいまの西武球場から行われることはないと思います。なぜなら、現在の西武球場にはドーム状の屋根があり、そもそも放送席から秩父連山を見ることが出来るかどうかも分かりません。

しかし、この文章はいかにもアナウンサーが伝える実況中継のような感じがします。球場に詰めかけた人たちの姿も天候もゲーム開始が迫る様子も伝わってきます。

ではなぜ、スポーツアナウンサーはこうした臨場感のある表現ができるのでしょうか？

アナウンサーは目の前に広がる光景を全て言葉に変えて表現します。

特に映像のないラジオの場合は、ゲームそのものを伝えるだけでなく、その合間に客席の様子や天候、風が吹いているのか暑いのか寒いのか、虫が飛んでいるのかいないのか、スタンドのビールは売れているのかいないのか、など目に映るもの全てを言葉にして伝えていきます。

例文として書いた実況風の文章も、頭の中にこういったシーンを思い浮かべ、そこに見える状況を文字化したものです。

その文字化にあたっての最大のポイントは、**頭の中に浮かんだ状況をどこまでディテールにこだわり表現できるか**です。

「あいつの話は面白い」と言われる、映像を見ているような伝え方

実際の出来事ではなく、シーンをイメージして浮かび上がった映像を文章化する場合も同じことです。

これをアナウンサーのように瞬間的に言葉にして表現するのは相当のセンスと才能がなければ出来ません。

しかし、**文字にして状況がより伝わるものにするのは、それほど難しいことではありません**。

例えばこういうことです。

目の前にいま、壁掛けの時計があるとします。この時計が本当にあると想像し頭の中にイメージを作ります。

なるべく丁寧に細部にわたって頭の中で映像化します。その頭の中の映像を、見えるままに短いテンポのいい文章でひとつ残らず書き出します。

- 壁に白く丸い掛け時計がかかっています
- 直径は30センチぐらいで文字盤は白一色、真ん中、中央のやや上にSEIKOの文字
- 周囲はメタリックなアルミ状の金属の縁で覆われています
- 5分ずつ刻まれたその文字盤の数字は1から12までと一般的なもので、頂点に12、一番下が6、右横に3、左に6が配置されています
- 秒針は1秒ごとにカチカチと几帳面に時間を刻み、長針はそれが1回転するたびに60分の1目盛りだけ進みます
- 長針は一見、動いているようには見えませんが、1時間に12分の1目盛りだけは確実に動いています

とまあこんな感じです。しかし、ただ漠然と壁掛け時計について書こうと思ってもここまではなかなか書けません。

この時の大事なポイントは、頭の中にそのイメージを作り上げ、そのままひとつひとつディテールにこだわりながら文字化すること。

これは見えるものを文字化するだけですから、あまり苦労することなく、具体的なイメージを第三者に伝えることが出来ます。

こうした練習を繰り返すことで、あなたの話や文章はより具体的なイメージを伴って伝わるようになります。

テレビが新聞よりラジオより、分かりやすく短い時間で内容が伝わる最大の理由は、映像があることです。1枚の写真はどんな文章よりも雄弁に状況を語ります。動く映像は更に多くの情報を伝えます。優秀なアナウンサーは、この写真や映像の部分を、言葉で補い伝えます。

この技術が少しでも身につけば、あなたが伝える内容はより臨場感を持って伝わるようになります。

例えば、上司に商談の報告をする時、相手の様子はどうだったのか、難しそうな顔をしていたのか、少しは笑顔を見せていたのか、説明にうなずく場面はあったのかなど、その時の相手の様子を交えながら伝えることが出来れば、内容の理解はより深まるはずです。

また、面白い出来事に遭遇した時など、ディテールが映像を見ているかのように伝われば、話の面白さは格段に違ってきます。

いつの間にか「あいつの話は面白い」なんて言われるようになっているはずです。

回転寿司にはすごい戦略がいくつも隠されている

回転寿司には、いくつもの優れた戦略が隠されています。

一皿百円均一で客を呼び込み、商売が成り立ち、儲けもあがる仕組みには目を見張るものがあります。

その中でも何よりすごいのが、**よりたくさんお客さんに食べてもらうための戦略**です。

気がつけば、一人で20皿も30皿も食べていたなんて経験をお持ちの方もいるはずです。そこには人の心を操る驚きの戦略があります。

回転寿司店でこんな光景を見たことはありませんか？
レーンの上に中トロばかり5～6皿並んで流れて来る
レーンの上にイクラばかり7～8皿並んで流れて来る
レーンの上に穴子ばかり9～10皿並んで流れて来る

この時あなたは、この同じネタが集団で回ってくる様子を見てどんなことを思ったでしょうか？　その時のことを、よく思い出して下さい。思い出すのはあなたの頭の中の動きです。

この時あなたは、おそらくこんなことを考えているはずです。

「この中トロの中でどれが一番脂が乗っていておいしそうか？」
「このイクラの中でどれが一番盛りがいいか？」
「この穴子の中でどれが一番大ぶりでお得なのか？」

一斉に並んで流れてくる同じネタを見たあなたはどれが一番いいか、**どれを手に取ろうかと無意識のうちに選び始めている**はずです。

「２番目に流れてきたあのトロが美味そう」「最後の穴子はいいね」など他の物と比べていいところを見つけ出し、お気に入りを探し始めています。

なぜか、ひとつだけ流れてきた時には興味がわかなかったネタも、こうして集団で流れてくると、特に食べるつもりはなくても、無意識のうちにその中で一番いい物はどれか見比べてしまいます。

一度こうして選別を始めてしまうと、もう衝動は抑えられません。ついつい手を伸ばし自分の目で選んだ一番いいと感じた寿司を手に取ってしまいます。

これは人間の本能的な行動パターンだそうで、専門家によれば「もともと人間が持つ狩猟本能に起因するもの」なんだそうです。

その本能は「同じようなものを見た時その中で最もいいものを探す」行為となって現れ、一度自分のお気に入りを選んでしまうと「狩猟」する行動が止められなくなるというものです。

本当に売りたいものを買わせる技術と最後のひと言

この戦略はビジネスの場では、こんな使われ方もしています。

住宅やマンションの仲介業者は、部屋を探しに来た客から、希望の条件を聞き取り、いい部屋があったら連絡すると伝えます。そして後日、連絡を入れた時には紹介できる部屋を3部屋ほど用意しておきます。

ひとつは、希望額よりかなり値段は高めながら、広さもグレードも良く条件を超えるようないい物件。

2つ目は、価格は希望通りでも、広さもグレードも希望より見劣りするもの。

そして3つ目は、価格は希望額通りで、広さもグレードも上々、ただ少し駅から遠いのが難点という物件。

この3つの物件を用意した業者は、客を車に乗せ順番に物件を回ります。

客にとっては1番目の物件が極めて素晴らしく最高によく見えます。しかし、予算を大きく超える部屋では諦めるしかありません。

2番目の部屋は最初の部屋を見た後だけに、予算通りでも、よりみすぼらしく見え購買意欲は上がりません。

そして3番目の部屋です。これまでの内見で、いい部屋は高く、希望の予算内ではあまり良いものは望めない、という相場観がいつのまにか出来上がっています。そこに現れたのが3番目の、予算通りで広さもグレードも上々、ただ少し駅から遠いのが難点という物件です。

この3番目のものは、1番目のものより値段ははるかに安く、2番目と値段はほぼ同じでもグレードははるかに上。駅からは少し遠いけど、それを除けばほぼ希望通りの物件に見えました。

これを見た帰り際に、不動産業者が気になるひと言を言います。

「この後、次の人が内見にきます」

不動産売買の経験が少ない客はこれで決まり。あわてて契約を結んでしまいます。

実はこの時、**不動産業者は普通に物件を紹介するように見せかけ、計算して客に商品を選ばせるという戦略**をとっています。

本当に売りたい商品は、3番目の駅から少し遠いというハンデを持ったマンションです。その販売戦略はこうです。

最初に見せたものは、始めから値段が合わない高級マンション。希望するグレードの部屋は値段が高いことを印象づけるためのものです。そして、２番目に見せたものは、普通では買い手がつかない安っぽいもの。希望の値段ではこの程度だと思わせるためのものです。

業者は最初からこの２軒は売るつもりはありません。**３番目の部屋を売るための、比較をさせるためだけの物件**です。

これを不動産業界では「当てブツ」と呼んでいるそうです。

本当に売りたい部屋にも、駅から遠いというハンデがありなかなか売れません。しかし、業者の計算された販売戦略によって、自分の中で勝手に選び始めてしまった客は「この物件が一番いい」と頭の中で比較し始めています。そこにあと一押しがあると、気持ちを止めることが出来なくなり、中で一番いいものを選んでしまいます。

それがだめ押しのひと言です。

「この後、次の人が内見にきます」

これにあおられ契約してしまうというわけです。

第3章 まとめ

□ まずは「結論」から話す。特に多忙な相手と話す時には注意。

□ ニュース番組のアナウンサーの話し方は、「報・連・相」の型になっている。

□ わかりやすく事実を伝えるベストフォーマット。

□ その場合、事実と見立てor自分の意見なのかをはっきりさせる。

□ 「ここだけの話」「内緒だけど」で話を始めると、相手が聞く気持ちになる。

一方NGワードは「面白い話」「とっておきの話があるんだけど……」。

これを言うとムダにハードルが上がってしまう。

□ なんちゃって実況中継練習で、第三者に具体的なイメージを伝える力がつく。

□ 相手に何かを選択してもらう場合、比較対象を用意する。提案の方法によっては、こちらの望む回答を相手から得られる（不動産会社の例）。

第4章

もっと多くの人に、効果的に伝えるためのレッスン

ヒットメーカーは半歩だけ先をいく

もしあなたが、次々とヒットを飛ばすヒットメーカーになりたいなら、ひとつだけ忘れてはいけないことがあります。

それは、半歩だけ先をいく、という感覚です。

僕らの仕事はテレビの視聴者が何を求めているのかを知り、その「観たい気持ち」のど真ん中にヒットするアイテムを並べてみせることです。

そこに必要な能力は、楽しいことや面白いことをたくさん知っているという、人の関心事に応えられる引き出しの多さです。

そのためには、常に、世の中で起きていることにアンテナを張り巡らせ、多くの人と知り合い、どれだけ生の情報にふれる機会を持っているか、ということが大切になります。

でも、だからといって、あまりに流行に敏感になりすぎて先頭を走ってはいけません。先頭を走るのはアーティストやクリエーターなどの特別な才能を持った人たちに任せておくべきだと思います。

僕たちに出来ることがあるとすれば、そうした人たちがいるということを知らせる案内役です。目指すポジションは、**とんがりすぎず丸まりすぎずの、先頭走者から半歩遅れた位置**だと思います。

この考え方は、テレビ作りだけでなく、あらゆる仕事に共通するような気もします。僕たちのテレビの仕事を、流行の最先端を行くおしゃれなものと思っている方が多くいます。

確かに深夜の若者向けの番組などでは、これから流行りそうな知る人ぞ知る音楽や、今年のオシャレはこうなるみたいな流行を先取りするようなものもみかけます。

実際、企画を募集すると若いスタッフは、ここぞとばかりに、あまりまだ知られていないような、最新の情報を盛り込んだ、ピカピカに尖った企画書を出してきます。

僕らはそれらを、初めて知る情報として楽しく読ませてもらいますが、現実にはあまり番組の企画として採用されることはありません。

残念ながら**最先端を行く企画は、テレビ視聴者の多くをおいてけぼりにしてしまいます**。テレビのような媒体は、ターゲットとする人数も多く、たとえば100人の視聴者が大絶賛してくれても、視聴率の面ではあまり意味がありません。

僕らが獲得を目指す視聴者の数は100万人、1000万人といった数字です。

視聴率1%でも、関東地方だけで17万世帯がチャンネルを合わせてくれています。仮にひと世帯平均2・5人が観ていてくれたとしたら（この計算は正確ではありません）1%でも42万人以上が観てくれるということになります。これが5%なら210万人、10%なら420万人ということになります。

企画を考える時に、視聴率1%を目標にするプロデューサーはいません。少なくとも5%から10%、出来れば2桁の後半、数百万人には観て欲しいと考え、企画を考えています。

ですから僕らは、とんがりすぎた最先端のものにはあんまり触手が動きません。それは、趣味の範囲に収めておいて、仕事となると少し遅いぐらいの流行り物に注目したりします。

言うならば、多くの視聴者に興味を持ってもらえそうなものを「企画」し、それをまずは目の前にいる人にわかってもらえるように「伝える」ということです。

過去の経験ではこうしたもののほうが、確実に視聴率を稼いでくれています。それがどの程度のものか、分かりやすく表現するとこんな感じでしょうか。

「いま人気爆発」
「行列のできる」
「知っていましたか」

こんなサブタイトルが付きそうなすでに人気を集めているもの、もしかするともっと遅れて

「いまさら聞けない」
「知らなきゃ損」
ぐらいのものかもしれません。

最先端を突き進み、その魅力を伝え、少しずつムーブメントを作っていく仕事は、本物のクリエイティブだと思います。

アーティストは何もないところから、作品を生み出し、誰も注目していないところから作品を育てていきます。しかし、それを実現するには大変な才能と努力が必要です。**企画を考える能力はアーティストの能力とは違います。**

いい企画をコンスタントに出し続けられる人とは、必ずしも新しいものを一から生み出す能力を持つ人ではありません。

これから評判を呼びそうなものはないかといつも広くアンテナを張り、その人気が高まってきたところを見逃さないようウォッチし続け、いいタイミングで取り上げる、これができる人につきます。

企画を考える脳はこうして鍛える

では、企画を考えるための脳はいかにして磨き上げていけばよいのでしょうか？

プロの制作者たちが新しい企画を常に考え続けている中で、本当に新しい企画がそうそう簡単に見つかるはずはありません。

それでも何とか企画を生み出さなければならない僕らは、いろいろなテクニックを使って、新しく見せることを考えます。

おなじみの企画でも見え方が変われば新しいものに見えます。

そのためには同じものを同じものに見えないようにする発想が必要になります。ここでは、そのための脳の鍛え方をご紹介します。

鍛え方1：同じ意味を持つことわざを考える！

『犬が西向きゃ尾は東』

このことわざは聞いたことはありますよね。

犬が西を向けば尻尾は東を向く、つまり、当たり前過ぎるほど当たり前のことの喩えです。

分かりやすい、いいことわざだとは思いますが、何かのチャンスにこのことわざを使ってみようとはなかなか思えません。ちょっと古すぎる感じがして、使うにはかなりの勇気が必要です。

そこで、このことわざを少しシャレっぽくアレンジして甦らせてみましょう。考えるときに元の形やリズム感をあまり壊さないのがポイントです。

では、『犬が西向きゃ尾は東』を基本にして、当たり前のことを考えます。

「犬が西向きゃ尾は……」

ここまでを生かします。そして、当たり前のことを考えます。

多分実際は、西を向いても犬の尾は東を向かず、下を向いていますよね。

ならば……

「犬が西向きゃ尾は真下」

これが正解で本当の当たり前のことですよね。

と、こんな感じで当たり前のことを、「犬」のひと文字をいただいて思いつくままにことわざ風にまとめてみます。

例えば、犬が歩けばどうなるか……

「犬が歩けば疲れる」

なかなかいい感じです。ではこれはどうでしょう？

「犬が歩けば前へ進む」

かなり普通の当たりまえ感が出ています。ならば、さらに進めて、

「犬が歩けば腹が減る」
「犬が歩けば道に迷う」
「犬が歩けば猫も歩く」
「犬が歩けばたまには座る」

こんなふうに思いつくまま自由に発想して、『犬が西向きゃ尾は東』と意味が同じになる新しいことわざを作ってみましょう。脳を柔軟にして考えましょう。

では今度は完全なフリースタイルでやってみましょう。当たり前のことをいかにもありがたそうに、堂々とことわざ風に表現するだけです。

「人は誰でも歳をとる」
「闇夜は暗い」

どうですか？　本当はたいしたことも言っていないのに、なかなか威厳がありそうで深い思いを感じさせる新しいことわざに見えます。

では、こんなのはどうでしょうか？

「熟睡すれば目が覚める」

これも、当たり前のことだけど、どこかありがたく聞こえる人間の本質に基づく、いいことわざのような気がします。

「体動かせば腹が減る」

これなんかは、まさに事の本質に迫る、いかにもありそうな名文に見えます。

この時の基本パターンは「○○が○○すれば○○になる」という形です。

この形を守り、ここに普通のことを当てはめて、ありがたく聞こえる新ことわざを考えてみましょう。

そしてチャンスがあれば、何かの会話の折に勇気を持って使ってみるのもよいかもしれません。

視点を変えて独自の発想を鍛える

当たり前の話を当たり前のこととして見過ごしていては、新たな発見や広がりはありません。あえてそこに疑問を挟み、普段使わない頭を使う訓練をしてみましょう。

そうすれば、あなたの話は個性的で他の人とは違う広がりを持つようになります。

そしてひとつのテーマで、いつまでも人を飽きさせない話を展開することができるようになるはずです。こんな練習法があります。

鍛え方２：浦島太郎の悪いところを３つあげる

浦島太郎のお話を知っていますか？　漁師の浦島太郎が海辺を歩いていると、村の子供達が浜に上がったウミガメを大勢でいじめていた、というあれです。

ざっとどんな話かというと……

子供達が亀をいじめていたので、浦島太郎が亀を助ける。
後日助けた亀が現れ、この間のお礼に竜宮城に連れて行くと言う。
亀にまたがり太郎は竜宮城へ。
乙姫が現れ大宴会のおもてなし、鯛やヒラメの舞い踊り。

楽しすぎて時を忘れた太郎は3年もお世話になる。

あるとき、太郎はふるさとに家族を残していたことを思い出し帰ると言う。

乙姫が引き止めるが、太郎は帰ると言い張る。

乙姫はあきらめ「これは何があっても絶対に開けてはいけない」と念を押し、玉手箱を渡す。

太郎が陸に帰ってみると300年の時が過ぎていた。

寂しくなった太郎は言いつけを破り玉手箱を開ける。

白い煙が立ち上り、太郎が老人になる。


と、こんなお話です。

このおとぎ話をどう解釈するかは諸説ありますが、これが正解というものははっきりしていません。その中でも、もっともらしいのは「いいことをすればいいこともある。しかし、調子づいてはいけない」といったところでしょうか。

何年か前、あるテレビ局の入社試験にこの浦島太郎を題材にした問題が出ました。設問は「浦島太郎の悪いところを3つあげろ」というものでした。

この問題の題材は特に「浦島太郎」でなければならない、というものではありません。これは「桃太郎」であっても「白雪姫」でも「花咲かじいさん」でも構いません。

この問題の出題意図は、誰もが知っていてその価値観が定まっているものを、まったく別の視点から考え直してみよう、というものだと思います。

では、実際にどんな悪いところがあるのか、どんな考え方をすればいいのか？　模範解答というわけではありませんが、僕が教えていた青山学院の学生たちが考えてくれた答えを参考にして、傾向別に見てみましょう。

その①　そもそもを疑う

「そもそも太郎は子供たちがいじめていた亀を救ったとされているが、それは本当か？　もしかすると子供達が悪いのではなく、亀が何かの悪事を働き、子供たちがそれを懲らしめていた可能性もあるのでは？　太郎が確認もしていないで亀を解放したことに問題がある」

その②　警戒心のなさを問題視する

「言葉を喋る亀を怪しく思わないのはいかがなものか？　あり得ない状況にもっと疑いを持つべき」

「助けただけで、竜宮城に招待などというウマイ話を鵜呑《うの》みにする危うさ、この先に落とし穴があるはずと警戒するべき。こうした甘い考えが今につながり多くの詐欺事件を生んでいる」

「亀にまたがり、竜宮城を訪ねるという無謀な行為にはあきれる。息が出来ずにおぼれてしまう可能性が大きいのに亀にまたがる神経は信じがたい」

その③　太郎の図々しさを叱る

「亀を助けた程度で、３年間も鯛やヒラメの大宴会にお世話になるのはあまりに常識がない。普通の神経なら、長くても半日程度でおいとまするもの」

「さんざんお世話になっておきながら、家や家族が恋しくなったからと、引き留める乙姫を捨てて家に帰ると言い強行する神経を疑う。ここまでお世話になった乙姫を捨てるなど常識人なら出来ない。女性の気持ちが分からない太郎はむしろ女性の敵」

その④　趣旨の伝わりづらさから批判する

「開けてはいけないと言われた玉手箱を開ける太郎のダメさ加減にはほとほとあきれた。こんな人が主人公になるから、この物語の趣旨が何を伝えようとするものか、よく分からなくなる。一体この話は『善行の勧め』なのか『約束を破るとひどい目に遭う』のどちらなのか？」

など、さまざまな答えが寄せられましたが、どれもなるほどと思うものばかりでなかなか楽しめました。

皆さんもぜひ、頭をやわらかくするために「浦島太郎」と「桃太郎」と「白雪姫」と「花咲かじいさん」の「悪いところを３つ」考えてみてください。

おなじみのテーマを目新しく見せるテクニック

テレビはこれまでの歴史の中で次々と新しいことを生み出し、見たこともない不思議なことや、驚きに満ちたことを世界中で取材し伝えてきました。そのため、最近ではまったく初めて目にするといった企画に出会うことが少なくなっています。

そんな中でも番組の作り手は視聴者を飽きさせない新しい企画を見つけ、送り続けなければなりません。

でも、現実には全てが初めて伝える新しいものだけ、などという企画はほとんど出来ません。多くの場合、どこかで取材されていたり同じようなコンセプトの企画が放送されていたりします。

そんなときテレビ制作者が考えることは、

「同じものでもどう切り口を変えるか」
「どう見せれば違ったものに見えるか」

ということです。言い換えれば、「包み紙が変われば新しい商品に見える」ということかもしれません。

では、どうすれば新しいものに見えるのか？

私が携わっている夕方のニュース番組では、日本テレビだけで1年に約２５０本もの特集企画が作られ放送されています。これは他の局も同じことで、民放４局合わせると1年に約１０００本もの企画が作られていることになります。

ボツになった企画を合わせれば企画自体の数はこの5倍はあるでしょうか。仮にこの通りであれば、プロの制作者がこれほどの数の企画を考え、しのぎを削っているわけですから、完全に新しい企画を望むことは本当に難しいことがお分かりいただけると思います。

しかし、そんな中でも差別化された、他にはない切り口の企画を作らなければ生き残ることは出来ません。そんな時に考えついたのがこの手法です。

テクニック：赤と緑のメリハリ補色対比法

補色って知っていますよね？　赤の反対の色は緑っていうあれです。

イメージしやすいところでは、お肉屋さんのショーケースの中の緑色の敷物の上に置かれた牛肉です。

少し傷んだ肉でも緑色に赤い牛肉が映えておいしそうに見えます。

僕は、これで今までに何度も放送されてきたけど人気のある企画を甦らせようと考えました。

夕方のお腹の空く時間のニュース枠では、いわゆるグルメ系の企画が安定的にいい数字を得ています。それも、ベタな「すし」や「ラーメン」、「大盛り」「行列のできる店」といったものが確実に数字を稼いでいます。

でも、この時代に「うまいすし店」「絶品ラーメン店」というだけでは企画としてどうでしょう。おそらく、本当に新しくていい店を探してきて、どんなに頑張って企画書を書いても、「なんだか古いね」「このテーマじゃねえ？」なんて言われてしまいます。


「回転しないうまいすし」というシリーズ企画はその中で生まれました。

この企画が目指すのは、大手の回転すし店が次々と店舗を増やし、新戦略で家族連れを取り込み売り上げを伸ばす中、何とか生き残りをかけて頑張る街のおすし屋さんを紹介、応援しようというものです。

つまり「すしといえば回転すしだけじゃない！　街のおすし屋さんも安くてうまく

て頑張っているぞ！」という企画です。

しかし、「街のうまいすし店」では企画としての新しさ、面白み、キャッチがありません。キャッチとは「人が思わず振り返るようなつかみ」のことです。

「なんだか面白そう」「見なきゃ損かも」とつい思わせるような、個性的な新しさを感じさせる企画の見え方が必要でした。

見せたいものは決まっています。「街の頑張るおすし屋さん」です。

では、この「街の頑張るおすし屋さん」を企画として見え方を変え、際立たせるにはどうしたらいいのでしょうか？

その時、頭に浮かんだのはタイトルに「街の頑張るおすし屋さん」の対極にあるものを並べることでした。**対極にあるものを並べることで、「街の頑張るおすし屋さん」の差別化ポイントが明確になる**と考えました。

「街の頑張るおすし屋さん」の対極にあるものと言えば、これは当然、「大きな組織の回転すし」です。回転寿司は、各社のこれまでの努力や頑張りでその差別化ポイントは極めて明確になっています。

それは「お手軽」「味も値段なりにうまい」「明朗会計」「分かりやすい」「安心」という誰もがイメージできる、おなじみのものです。

これを利用することで僕は、「街の頑張るおすし屋さん」の特徴を際立たせようと考えました。つまり、「回転すし」を意識して「回転しない」とタイトルに付けようと考えました。

「回転しない！　街で頑張るおすし屋さん」

すると、こうするだけで、どこか新しいあまり見たことのない企画案にみえました。

対極を考えてから、さらに一歩すすめる

しかし、まだ肝心な差別化のポイントが少しぼやけています。なぜなのでしょうか？

よく考えればすぐに分かることですが、このタイトルの最大の欠点は「回転すし店」と「街で頑張るすし店」が本当の対極にないことです。「回転すし店」の真反対、補色の関係にあるのは「本格すし店」です。

そこでタイトルを少しいじってみました。

「回転しない！　街で頑張るおすし屋さん」

←

「回転しない本格すし」

「回転しないうまいすし」

←

「回転するすし」は、すでに書いたように「お手軽」「味は値段なりにうまい」「明朗会計」「分かりやすい」「安心」というイメージです。

一方の、「うまいすし」は「お手軽ではない本格派」「味はいいが値段は高い」「分かりにくい」「不安がある」というものです。

この「うまいすし」を修飾する言葉として「回転しない」と乗せてみることで、「回転するすし」の「お手軽」「味は値段なりにうまい」「明朗会計」「分かりやすい」「安心」というイメージを醸しながらも否定、回転すしとは違う上品の「うまいすし」であることを強く印象づけることができました。

しかし、企画の趣旨は「なのに店が頑張ってお得」というものです。

そこでさらにほかの店との差別化をするために、もうひと展開してこうしてみました。

「激安！　回転しないうまいすし」

「回転しないうまいすし」の頭に「激安！」と付けてみました。すると、「激安なのに回転すしじゃない本格すし」というイメージが際立ってきました。

タイトルとしても「回転すし」という言葉と対極にある「うまいすし」が並んだことで、見え方も新しく、どこか楽しげでインパクトの強いものになりました。

こうして始まった新企画「激安！　回転しないうまいすし」は、おかげさまで視聴率も良く、その後も毎回高視聴率をとり続けるシリーズ企画になりました。

しかしその中身は、街のおすし屋さんが生き残るために切磋琢磨、努力を重ねて頑張る様子を伝えるというオーソドックスなものです。

パッケージを変えてみることで中身までもが新しく見える、典型的なケースでした。

コンセプトが最も強く打ち出されるのが「タイトル」です。

企画を採用し決定する側は、最初から必ずしも全ての企画書を隅々まで目を通し読み込むわけではありません。多くの場合、まずはタイトルで面白そうなものを選び、その中から可能性のありそうなものに目を通し、絞り込んでいくというケースが多いと思います。

逆に言えば、タイトルがダメなら箸にも棒にもかからないという可能性が高いということです。

僕の感覚では、タイトルだけで採用される企画も年に何本かは必ずあります。そんな**選ばれるタイトルを作るために、この「赤と緑の補色」は効力を発揮**します。

どこかポイントがはっきりしない時などには、一度この手法を試してみるといいと思います。意外なほど差別化の効いた、いい企画タイトルを作ることができるはずです。

誰でも素敵な言葉をつむぎだせる

キャッチコピーやテレビ番組には、気になる言葉やキラキラした台詞がたくさん並んでいると思いませんか。

でもこれを書いている人たち全員が、並外れた感性の持ち主という訳ではありません。これはどうやって考えているのか、そこには誰でも素敵な言葉をつむぎだせる意外なテクニックがあります。

例えば、あなたがあるビールメーカーの新人宣伝担当者だとします。年齢は28歳、先月、ビールの営業担当から何となく希望していたこの部署に配属されたばかりのド新人宣伝マンです。

この会社には、今年の夏に向け、社の命運を懸け開発した新発売の発泡酒がありました。完成した新作の発泡酒は値段もお手頃で、飲み口もすっきり、ドライな中にもこくがあるいい仕上がりです。

ある日の朝、突然、あなたは社長に呼ばれ、直々にこう命じられました。

「この夏は、この発泡酒で勝負する！　ターゲットはアルコール離れを起こしている若者たち。君にはこの発泡酒を売るためのイメージ戦略作りをしてもらう！　います ぐ取りかかり3日以内に方向性を示してくれ！」

これは完全に社長のムチャ振り。新人の宣伝担当にはどこからどう手をつけていいのかさえ分かりません。

朝から悩み続け何も手をつけられないまま1日が過ぎました。午後8時、気がつけば宣伝部員たちは残業をする者を少しだけ残し、ほとんどが席を立っていました。

「俺も帰ろう……」

表に出ると2月の夜の街は北風も強く、コートの襟を立てずに歩くこともままならない寒さでした。

「こんな寒い日に夏の発泡酒なんてムリ」

駅までの道を肩をすくめ歩きます。

まっすぐ歩けばほんの10分程度の道のりですが、会社から駅までの通りはコンクリートとアスファルトの大通りで、吹き付ける北風が骨身にしみます。途中を裏通りに入れば、小さな居酒屋やバーがごちゃごちゃと建ち並ぶ、飲み屋街の路地が広がっています。

あなたは裏通りに足を踏み入れました。

すると、営業時代にビールを売り込むために連日通った、小さな家族経営の居酒屋のメニューが目に飛び込みました。それは店の前に置かれたホワイトボードに手書きで書かれていました。

お帰りなさい！　優しい家族の〝湯豆腐〟あります

「なんだか温かそうだなあ……」

その文字にひかれてあなたは小さな居酒屋ののれんをくぐります。狭いカウンターの中には、ビールを売り込むために連日通い、会話を交わした中年夫婦がいます。あなたはカウンターの端に座りビールと湯豆腐を注文しました。熱くなった頭をゆっくりと冷えたビールが解きほぐし、冷えた体を湯豆腐が暖めてくれました。

「看板のメニューに誘われて寄っちゃいましたよ。なんだか、温かそうだなあ、なんて思って」

「あのメニュー、ウチらしいでしょ。ウチなんて何にもないけど家族経営だけが売り物だから。なんとなく雰囲気が伝われば、ドアも開けやすいかなと思って書いたんですよ」

「なるほど。それにまんまと乗せられちゃったという訳か……」

この短いやりとりには、伝わるメッセージ作りのための重要なポイントが、二つ隠されています。

そのポイントのひとつは、「ウチなんて何にもないけど家族経営だけが売り物だから」という言葉。

そして、もうひとつは「ドアも開けやすいかな」という言葉。

前者はいわゆる店側が伝えたい思いです。

売り物は「家族経営」。

安心して入れる店であることを伝えるメッセージです。

後者は客の立場に立った考え方。

客が「ドアを開けやすい」と感じて欲しいという思いです。

これを店主はこれまでの経験でホワイトボードに「お帰りなさい！　優しい家族の」と表現しました。短いけれど店主の思いがよく伝わります。

初めてドアを開ける客にも、何となくカウンターがあってそこに夫婦がいて、手作りのポテトサラダや煮物なんかが置いてある、値段も手頃でつい覗いてみたくなるような、温かな家族経営の店というイメージが伝わります。

実はこれはかなりの高等テクニックです。

多くの競合店の中から客に選んでもらうためには、店の特徴やメッセージを伝えるだけでは十分ではありません。客が思わずドアを開けたくなるような動機づけも演出する必要があります。

『お帰りなさい！　優しい家族の〝湯豆腐〟あります』

店主はたったこれだけの文章の中に、知らず知らずのうちにこの二つの要素を盛り込んでいたのです。

連想からキャッチーな言葉を見つける魔法のテクニック

こうした表現は、この店主のように「何となく勘」でしかできないのでしょうか？
実は、こうしたメッセージの最大のポイントは**適切な言葉の選択**にあります。商品のメッセージを伝え、客が手を伸ばしたくなるような動機づけにつながる言葉を選び出すことが出来れば、それほど苦労することなく人が振り返るメッセージ作りは出来ることなのです。

では、どうやって適切な言葉を選び出すのか、**実際にやってみましょう。**

方法：光る言葉を見つけ出す次々連鎖法

テーマは、あなたが社長からイメージ戦略作りを命じられた新・発泡酒。

ターゲットはアルコール離れが進む若者たち。
発売はこの夏。
値段もお手頃。
飲み口はすっきり、ドライな中にもこくがある。

これがこの新商品の販売コンセプトです。

この、新発泡酒を印象づけ売るためのメッセージ、キャッチコピーのようなものを考えてみましょう。

その魔法のテクニックがこれです。

●ステップ1　主題から連想する言葉を想像する

この場合、まずは、新発泡酒から連想する言葉を想像します。その時、販売コンセプトの、ターゲットが若者であること、夏の販売であること、値段もお手頃でドライな中にもこくがあることを意識しながら。

例えばこんな感じで……。

「新発泡酒」
←
「ビール」

誰もがその言葉を聞いて思い浮かべる言葉を素直に表現しましょう。

続いて、ビールから連想する言葉を想像します。もちろんターゲットは若者、夏の販売であることを意識しながら。例えばこんな感じ。

「ビール」
←
「夏」

続いて、夏から連想する言葉を。

「夏」
←
「海」

さらに海から連想する言葉を。

「海」←「湘南」

これをどんどん続けていきます。例えばこんな感じで。

「湘南」←「サーフィン」←「太陽」←「イタリア」

←「イタリアン」
←「マルゲリータ」
←「イカスミ」
←「パスタ」
←「ピザ」

これをある程度まで続けたら、浮かんだ言葉からどんな映像が浮かぶかイメージします。ここまでに浮かんだ言葉はこれだけあります。

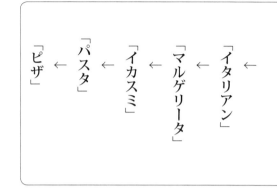

「新発泡酒」「ビール」夏」「海」湘南」「サーフィン」「太陽」「イタリア」

「イタリアン」「マルゲリータ」「イカスミ」「パスタ」「ピザ」


この言葉から、おそらく今あなたの頭の中に浮かんでいる映像は、湘南の海でサーフィンをする若者たちの姿。その明るい太陽の下、海辺に置かれたピザにパスタ、そしてビールと新発泡酒、といった映像でしょうか。

もしかするとそこにはさわやかな風も吹いているかもしれません。

このイメージを、浮かんだ言葉を使ってキャッチコピー風にまとめてみます。

作り方は簡単です。**イメージに忠実に、言葉を並べて気持ちのいい文章にするだけです**。こんな感じです。


夏の海。

マルゲリータにいかすみパスタ。

そして、新発泡酒！

さわやかな風の吹く海辺に、キンキンに冷えた新発泡酒とマルゲリータといかすみパスタ。遠くにはサーファーたちの姿。押し寄せる波……。

アルコール離れのすすむ若者たちにもライトな感覚でアピール出来そうなそれなりのコピーです。なかなかいい感じだと思いませんか。

あるいは、こんなのはどうでしょう？

湘南の太陽はイタリアだ！
ピザと新発泡酒で、どう？

ちょっとお手軽な感じはしますが、若者ターゲットの新発泡酒をイメージ付けるコピーみたいなものにはなっています。

ではなぜ、こんな簡単なことでイメージを伝える言葉選びが出来てしまうのか。

この手法にはイメージを膨らませ、なおかつ、ぶれさせないための重要なポイントがあります。

それは**ベクトルという考え方**。

この連鎖による言葉選びは、最初に言葉を選んでいく方向性を決めます。これを仮に、**連想するためのベクトル**と名付けます。

この新発泡酒の場合のベクトルは、最初にあなたが社長から命じられたテーマのこの2行です。

ターゲットはアルコール離れが進む若者たち。
発売はこの夏。

この2つのテーマから離れないように、つまりベクトルに沿って言葉を次々と想像していきます。新発泡酒から始まる、若者と夏を意識した言葉の連想です。

この連想から生まれた言葉は当然のことながら、そのどれもが新発泡酒のイメージにつながる若者と夏を意識した言葉になります。

この中には自分が思いもしなかったキラキラした言葉や、意外な広がりを見せる言葉が含まれています。

後はその言葉の集団から思い浮かぶシーンをイメージして言葉を選択、コピーらしく仕上げるだけ。

この手法は簡単に言葉の幅を広げてくれるとても便利な魔法のテクニックです。なるほど、簡単に出来たという人も、意外に難しいという人も後はトレーニング次第です。何回かやってみるうちに勘どころが掴め、次々と言葉が見つかり、イメージを伝えるいい文章が浮かぶようになるはずです。

客が思わず手に取りたくなる一押しの言葉

しかし、これだけでは十分ではありません。

では、これはどうしたらいいのでしょうか？

●ステップ2　動機付けになる言葉を加える

夏の海。
マルゲリータにいかすみパスタ。
そして、新発泡酒！

このコピーのようなものには売り手側からのメッセージはありますが、客が手に取りたくなる動機づけがありません。この商品が他の発泡酒とは明らかに違う、これでなくてはならない、思わず手に取りたくなる一押しの言葉が足りません。

ここで考えるべきことは、この商品を買うことによって客にはどんないいことやメリットがあるのかを伝えること。客はそこに心を動かされ、多くの似たような商品の中からこの新発泡酒を選びます。

その場合の表現はイメージではなく具体的に客にとっての「いいこと」を伝えるものでなくてはなりません。

まずはメーカーが考えるこの新発泡酒の最大の特徴、売るためのポイントは何か、そして逆に、この商品が他とは違う、客にとっての最大のメリットは何かを考えます。今回はそれを「お手頃な値段」とします。常に客にとってのメリットを考えながら連想を始めます。例えば、まずはこんな感じで。

「新発泡酒」　↓　「安い」

続いて、安いから連想する客の気持ちを考えます。例えばこんな感じ。

「安い」　↓　「財布に優しい」

続いて、財布に優しいから連想する客の気持ちを。

「財布に優しい」↓「もう一杯飲める」

これをどんどん続けていきます。例えばこんな感じで。

「もう一杯飲める」
←
「幸せになる」
←
「夜は長い」
←
「ご機嫌になる」
←
「爆睡」

こんなところでいいと思います。

ここまでに浮かんだ言葉はこれだけあります。

「新発泡酒」「安い」「財布に優しい」「もう一杯飲める」「幸せになる」「夜は長い」「ご機嫌になる」「爆睡」

この浮かんだ言葉からイメージするシーンをキャッチコピー風にまとめてみます。

例えば、こんな間じです。


長い夜になりそうだ……

幸せのもう一杯。

財布に優しい、新発泡酒！

あるいは、こんなことでもいけそうです。

爆睡の幸せ。
もう一杯の、新発泡酒!

どうでしょう? 似たような連想法でも前に作ったものとはまったく別のものになったと思いませんか。

前に作ったものは若者に向けたさわやかなイメージを伝えるコピーで、後で作ったものは客にとってのメリットや、この新商品を買って得られるお得なポイントを伝えるものになりました。

誰に伝えたいかを細かく想像する

他にもこんなアプローチもあります。誰に向けてのメッセージなのか、そこを中心に発想する言葉探しです。

●ステップ3　ターゲットを絞り込む

ここではその商品と、商品を売りたいターゲットとの関係性から発想します。これは、この商品を誰に飲んで欲しいのか、この商品はこんな人に是非買って欲しいというところを強調して、発想しようという考え方です。

この考え方で紡ぎ出す言葉は、よりターゲットに向けたメッセージ性が強く表れるという特徴があります。

その時、ターゲットへのメッセージを漠然とさせないために、**具体的な年齢や仕事の種類や家族構成も細かく想像しながら発想**します。

たとえば、『誰に？』『どんな人に？』の部分を、40代のお父さんで中小企業のサラリーマン、子供は小学生の息子と娘、妻は会社の元同僚で今は専業主婦、楽しみは地元のプロサッカーチームの応援に家族で行くこと、などと設定するとよりターゲットに向けたメッセージ性の強い言葉を紡ぎ出すことが出来ます。

では、このベクトルを意識して言葉を連想してみましょう。

「新発泡酒」

↓

「お父さん」

↓

「休日」

←「家族サービス」
←「サッカー観戦」
←「応援」
←「地元チーム」
←「大好き」
←「ママ」
←「主婦」

連想はいくらでも続きそうですがこのあたりにしておきましょう。

では、この言葉をよく見てイメージを膨らませて、コピーのようなものを作ってみます。

使う言葉は連想から導き出した「お父さん」「休日」「家族サービス」「サッカー観戦」「応援」「地元チーム」「大好き」「ママ」「主婦」です。

家族サービスはサッカー観戦。
ママも今日は主婦を休んで
新発泡酒で地元チームを応援しないか！

何となくそれ風の家族向けのメッセージになったと思いませんか。

では、頭のトレーニングです。こんな人たちに向けてキャッチコピー風のメッセージを考えてみましょう。あなたもぜひやってみて下さい。

課題１　徳川家康に新発泡酒を売り込むメッセージ

【解答例】
信長も秀吉も、これ、うまいって言ってるよ！

課題２　チンパンジーのパン君に新発泡酒を売り込むメッセージ

【解答例】
志村園長も大絶賛！　チビと一緒にどうですか？

他のものとは違うイメージや特徴が打ち出せているか

ナレーション原稿を書くのも僕の大事な仕事です。

テレビ番組作りの基本的な手順は、企画を立て、取材・撮影をして編集、テロップを入れ、音楽とナレーションをつけて完成、というもの。

細かくはこれだけではありませんが、大体の番組作りに共通する手順がこれです。そのどれもがそれぞれ大切な番組作りの作業ですが、なかでも**最終的な番組の完成度を高めるのが、ナレーション**だと思います。

例えば、鉄板の上でおいしそうに焼けているステーキの映像にどんなナレーションを付けるのか?

こうした場合のセオリーはいくつかありますが、普通は焼けている肉の見た目だけでは分からない価値をナレーションで埋め込んでいくという作業をします。

いかにこの肉が良質なものか、それは同じ肉の中でもどれほど優れたものなのか、それをシェフはどうこだわり、どのように焼き、うま味を際立たせるのか、などを表現します。こんな感じです。

「黒毛和牛の希少なヒレ肉、テンダーロイン。なかでもその中央にわずかに存在する最も肉質の優れた部位、それがシャトーブリアン。19世紀のフランスの政治家フランソワ・シャトーブリアンがこだわり、料理人に焼かせ続けたといわれるステーキの最高級部位。

シンプルに軽く塩、コショウをまとわせ、熱く熱した鉄板で瞬時にうま味を封じ込める。ガーリックオイルの香りも香ばしく、待つほどにその期待感は高まってゆく……」

こんなナレーションが、画面の中で焼けるステーキの上で語られます。こんなナレーションが付いたステーキの映像は、実力以上によりおいしそうに見えるのではないでしょうか。

この時のポイントは、このステーキがいかに他のものとは違うのか、このステーキならではのセールスポイントは何なのか、これをどう伝えるのかということです。

つまり、**他のステーキとはこんなに違うという、差別化**です。

コンビニの冷蔵庫にいっぱい並んでいるミネラルウォーターも、売れている商品と売れていない商品の違いはどんな差別化がされ、それが客に効果的に伝わっているかどうかです。

中身はほとんど同じ水なのに、売れる売れないの差は、他のものとは違うイメージや特徴が打ち出せているかどうかが大きなポイントになっているような気がします。

あなたが何気なくコンビニで手に取ってしまういつものミネラルウォーターやお茶にも、こうした差別化を図る言葉やイメージが盛られているはずです。

しかし、この差別化というのがなかなか表現できないやっかいものので、多くの人が悩むところでもあります。

差別化を際立たせるためのレッスン

そこで、差別化を上手にできるようになるためのレッスンです。

●ステップ　違いを見つける

これは大学の授業でも学生達に考えてもらっているものです。

今や携帯電話の普及で固定電話を持つ家庭も減り始め、公衆電話に至っては街中でその姿を見かけることも少なくなりました。

そこであえて『固定電話』を売るためのコピー、ナレーションを考えてみようというものです。
　これを考える時に重要なことは、固定電話ならではのいいところやダメなところをたくさん考えること。固定電話でなければ出来ない差別化ポイントをどれだけ考えられるかということです。そのためのアプローチがこれです。

【固定電話と携帯電話の違いを書け！】

　あるものの特徴を見つける時に、漠然とそのものと向き合ってはあまり効率よく数を稼ぐことは出来ません。こうした時によくやるのが、同じようなものを二つ並べてその違いを書き出すという方法です。
　例えば、そばとうどん。アイスクリームとソフトクリーム。餃子とシューマイ。こんな感じで二つのものの違いを考えて、その特徴をどんどん書き出していきます。その時、**現実的な違いとイメージの違いを分けて考えるとやりやすい**と思います。

テーマは固定電話、携帯電話と比較します。こんな感じで進めます。

現実的には……

- 固定電話は家族、携帯は個人
- 固定電話は家庭、携帯は場所を選ばず
- 固定電話は家という実態がある、携帯は実態が見えない
- 固定電話はコードがあるから不自由、携帯は電波だからどこでも
- 固定電話は誰が出るか分からない、携帯は話したい人
- 固定電話は待ち合わせには使えない、携帯は待ち合わせに便利

イメージ面では……

- 固定電話はお父さんが出る、携帯は彼女が出る
- 固定電話はオレオレ詐欺、携帯は詐欺メール
- 固定電話は温もりを感じる　携帯はいつもつながる安心

・固定電話は信用できる、携帯はどことなく不安
・固定電話はお年寄り、携帯は若者
・固定電話は家族と暮らす実家、携帯は一人住まいのアパート
・固定電話は家族に向けてのメッセージ、携帯は一人への告白

こうしてよく似ているものを二つ並べて違いを書き出すと、それぞれの特徴が見えてきます。こうして考えると、固定電話の特徴だけを考えるよりも、効率よくその特徴を見つけることが出来ます。

次に、ここから固定電話だけの特徴を抜き出してまとめてみます。

固定電話は現実的には、家族、家庭。場所を選ぶ。家という実態がある。どこでも使えない。コードがあるから不自由。誰が出るか分からない。待ち合わせには使えない。固定電話はイメージ的には、お父さんが出る。オレオレ詐欺。温もりを感じる。信用できる。お年寄り。家族で暮らす実家。家族へのメッセージ。

こうして書き出してみると、固定電話の特徴がより際立って見えます。

その主なポジティブなイメージは、家族の温もり。家庭。安心感。家族のいる家庭の日常、家族の温もりの中で、安心して暮らせる家庭といったものでしょうか。

また、逆に、ネガティブな？　イメージは、誰が出るか分からない。お父さんが出る。コードがあるから不自由で待ち合わせには使えない。

こちらは、多くの人たちがかつて経験したことがある、少し懐かしい思い出みたいなものが浮かび上がっています。

この両面のイメージこそが、固定電話を表す差別化ポイントです。

差別化するポイントを探し出すのはなかなか大変な作業です。しかし、似たようなものを比較するなかで、それぞれの差別化ポイントを見つけ出す作業をおこなうと、普段ではなかなか気がつかない細かな特徴まで探し出すことができるようになります。

差別化ポイントは、人がものを選ぶ時の重要な選択肢になるだけでなく、たとえば営業職ならば同業他社と競合する製品の売り込みの際にも使えます。多くの中から自社の製品を選んでもらうためのアピールポイントが明確に打ち出せます。

【差別化ポイントを見つけたらコピーを書いてみよう】

差別化ポイントからどんなシーンを思い浮かべるかによって、生まれてくるコピーも変わってきます。ここで紹介するのは、青学の学生達に授業中に一行だけ書いてもらった固定電話のコピーの一部です。人によってそれぞれ違うことがよく分かります。

- 「大事なこと、全部伝えるから」
- 「たまにはゆっくり話をしよう」

この二つは頭の中で彼女や彼氏を思い浮かべて書いているのでしょう。携帯電話のように慌ただしくなく、ゆっくり長電話ができる固定電話の特徴を、好きな人をイメージして表現しています。

- 「『おばあちゃーん』吉田さんがお芋くれるって！」
- 「ほら。ボタンよく見えるでしょ」

これは固定電話のある景色からの発想です。固定電話と言えば家族の団らん、お父さんにお母さん、おじいちゃん、おばあちゃんのいる温かな雰囲気。そんな温かな家族の様子が見えてきます。

- 「いつでもあなたのお留守番」
- 「私ちゃんと家にいます」

そしてこれは、固定電話自身が、自分の特徴、セールスポイントを主張するパターン。携帯電話のように持ち運びが出来ない固定電話の不自由さを逆手に取り、かわいらしくまとめています。

「人の期待を裏切る」話作り

「きっとこの先はこうなるに違いない」「やっぱりそうなったか……」

こうした話の展開は、普通と言えば普通の良くあるものですが、あんまり面白いものではありません。特に関西方面になんか行ってしまうとこんな話をしたとたん「で、オチは!?」なんて言われかねません。

では、面白い話をするためにはどうしたらいいのでしょうか?

人を笑わせるためのストーリー作りにはいくつかのセオリーがありますが、ここではその中でも基本中の基本ともいえる「**人の期待を裏切る**」話作りを考えてみましょう。

方法:定番のニュースを裏切ってみる

こんな感じのニュースは良く耳にします。

「今日未明、新宿区歌舞伎町の路上で、警察官２人が、突然現れた男に、鋭利な刃物で刺されるという事件がありました。目撃者によれば、刺した男は身長１７０センチぐらいの中肉、黒いジャンパーに黒いズボンをはいていたということです。男は警察官を刺した後、ＪＲ新宿駅方面に走って逃げたということです。警視庁は警察に恨みを持つ者の犯行と見て捜査を進めています」

こうしたニュースは、伝えるアナウンサーの口調や様子、そして「今日未明」「新宿区歌舞伎町の路上」「突然現れた男」といったいくつかの印象的な文言から、聞いている人はその先の展開を何となくイメージしてしまいます。

こうした強いイメージを与える文章こそ、その先の展開を少し裏切ってやるだけで何となくおかしな笑えるものになります。

例えばこんな展開はどうでしょう。

「今日未明、新宿区歌舞伎町の路上で、警察官2人が、突然現れた男に『こんばんは！』と挨拶されるという事件がありました。目撃者によれば、挨拶をした男は身長170センチぐらいの中肉、黒いジャンパーに黒いズボンをはいていたということです。男は『こんばんは！』と言った後、JR新宿駅方面に走って逃げたということです。

警視庁は警察に感謝する者のお礼と見て捜査を進めています」

こうしてニュースをいじるのは、昔から多くの芸人がネタとしてやってきたものです。いかにもニュースキャスター風のスーツにネクタイ、テレビの画面で見かけそうなニュースのセットで真面目に喋ってみせるあれです。

その笑いの種類は、まさに期待を裏切られ（予想を覆され）はしごを外された感じの、意外な展開というものです。

この「人の期待を裏切る」という手法は、**先の展開を想像できるパターン化された**

原稿や文章であれば、ほとんどの場合で応用することが出来ます。

例えば結婚式のスピーチも、やりやすい代表的なもののひとつです。

「貴史さん、恵子さん、ご結婚おめでとうございます。今日初めて、新婦の恵子さんを拝見いたしましたが、本当にお美しい方で驚きました。新郎の貴史さんがうらやましい限りです。私事になって恐縮ですが、実は私にも、３年ほど前に結婚した真由美という妻がおりまして、この妻の真由美と恵子さんは年齢こそ、ほぼ同じではありますが、恵子さんとウチの妻を比べますと、なんといっても、その美しさ、美貌という点においては、完全に、ウチの妻のほうが勝っております！」

これは、僕の師匠であるタレントの清水国明さんが、結婚披露宴でスピーチを頼まれたときに、よく喋り出しの冒頭に使うネタです。

普通こうしたスピーチでは新郎と新婦をほめあげるのがセオリーになっているので、

「ウチの妻と比べると」と言い出したときには聴衆の多くは、「ウチの妻」を下げて「新婦」を持ち上げるものと勝手に展開を想像します。

しかし、清水さんはこれを見事に裏切り、笑いでつかみ、聴衆を自分のペースに持ち込んだその先は、ちょっといい話やギャグを折り込みながら引きつけていきます。

思わぬ展開に笑顔が生まれる

また、会社の送別会やお祝い事で乾杯の発声を頼まれた場合でも、この期待を裏切るという方法は使えます。

普通の乾杯の発声は大体こんな感じだと思います。

「ただいまご指名にあずかりました、中山です。
多くの先輩方を差し置きまして私のような若輩者にこのおめでたい席の乾杯の

発声を賜りまして誠にもって恐縮している次第です。
私は今回栄転される齋藤局長とは入社以来およそ30年にわたり、公私共々お世話になり、昔から仲の良い兄弟のようだと言われてきました。
思い起こせば多くのエピソードもございます。
全てを話すと何時間あっても話しきれませんので、そのうちの特に思い出深いものをひとつふたつご披露したいと思います……」

とこんな感じで始まるスピーチの、長く、いつ終わるのか分からない果てしないネバーエンディングストーリーに、グラスを持つ手は震え、足が棒のようになった経験を皆さんもたくさんお持ちだと思います。

重要な役割を振られてここぞとばかりに頑張り、記憶に残るいいスピーチをしたいという意気込みは分かります。でも、ここはグッと気持ちを抑えて聞く立場になって考えてみましょう。

ほとんどの人は、「早く乾杯をしてまずは飲みたい」「挨拶の中身なんて覚えてないし」「まだ続くのか」なんて思っています。

みんながそんなふうに思っている乾杯の発声を爆笑に変え、よくやったと人気者になれるのが「人の期待を裏切る」このテクニックです。

僕はこのスピーチをするようになってから、乾杯の挨拶を頼まれることが驚くほど増えました。それがこれです。

「ただいまご指名にあずかりました藤田です。

昔から住宅ローンの返済期間と乾杯の挨拶は短い方がいいと申します。

それでは、乾杯！（※全員で乾杯！）

齋藤局長、おめでとうございました（拍手）」

最近は大体このパターンで、いつも15秒程度で挨拶は終わり、すぐに飲み始めるという展開になります。

ほとんどの参加者がグラスを持ったまま5分は覚悟しているところに15秒ですからみんな早くてビックリ、「記憶に残るスピーチ」だったと感謝されます。

〈予定調和な展開を裏切る例！　こんなのも面白いかも…恋愛小説編〉

ハードボイルドや恋愛小説も、期待を裏切ると不思議な面白さが生まれます。例えば……。


由美子はその時を待っていた。

西麻布の交差点を日赤方面に向かった路地奥。

カウンターだけの小さなバー。

年代物のスコッチが並ぶ酒棚を背にしたバーテンダーが、神経質なほどにワイングラスを磨き上げている。それはまるで二人の会話に興味がないといった様子に見えた。

カウンターの上に埋め込まれたダウンライトの細い光が水割りのグラスを照ら

しだす。氷がグラスの中で「カチャリ」と音を立てた。

「由美子…」

男が言った。

由美子がゆっくりと振り返った。

「今日はどうしても君に伝えたいことがある」

「なんでしょう…」

由美子が問いかけた。

「君はまるで一円玉だ」

それは由美子に向けられた真実だった。

「君はこれ以上、崩しようがない…」

由美子が歯茎を見せてガハハと笑った。見事なブスだった。

「嬉しい！」

「おまえ、バカすぎる…」

ハードボイルドや普通の恋愛小説は、大体において場面設定や展開のパターンが似通っています。緊張感のある情景、いい男といい女、カウンターだけのバー、スコッチ、バーボン、オシャレな台詞……。読者は最初の数行を読み始めただけで、作者の意図する設定の中に入り込みます。

だからこそこの場合は人の期待を裏切ることが簡単で、落差も大きくおもしろい効果を生みます。トレーニングとしてぜひ試してみてください。

〈予定調和な展開を裏切る例！　会社の送別会スピーチ編その2〉

「ただいまご指名にあずかりました、中山です。

多くの先輩方を差し置きまして私のような若輩者にこのおめでたい席の乾杯の発声を賜りまして誠にもって恐縮している次第です。

私は今回栄転される齋藤局長とは入社以来およそ30年にわたり、公私共々お世話になり、昔から仲の良い兄弟のようだと言われてきました。

しかし、私などはしがない3流大学の出身でありますが、齋藤局長はといいますと、皆さんもご存じとは思いますが、あの日本を代表する赤門、文京区は本郷にあります日本の最高学府、東京大学法学部の……すぐ近くにあるラーメン屋の次男坊であります。そんな齋藤局長とのエピソードを、ひとつふたつご披露したいと思います……」

こんな感じでスピーチの予定調和を壊し、最初にお客さんをつかんでしまえば、後の展開は驚くほど楽になるはずです。笑いが起きることで心が落ち着き、話を聞く側も気楽に聞いてくれるという効果も生まれます。

「人の期待を裏切る」と、そこには思わぬ笑顔が生まれます。

裏返せば、予定調和な展開が、いかに面白くないかということにも通じるような気がします。

こうした予定調和の話など、本章で紹介している内容は、ひとえに目の前の人を振り向かせるためのものです。まずは人に関心を持ってもらわないと、どんなに良いアイデアも目に止めてもらえません。

大切なことはあなたのアイデアや提案をとにかく見てもらうことです。そのためには最初のインパクトが重要です。「おっ！　もしかしたらコイツ面白いかも……」なんて思ってもらえれば、ライバルに一歩差をつけることが出来ます。

テレビの世界は熾烈な戦いです。自分たちだけが番組を放送しているのであれば、こんなことはあまり意識しなかったかもしれません。しかし、最初の5秒、10秒が面白くなければ、「この番組つまらない」と判断されすぐにザッピングされ、その先はどんなに頑張って作った番組でも観てはもらえません。

こうしたことは、普段の生活でもビジネスでも同じような気がします。多くの人たちが頑張っている中で勝ち抜くには、一度のチャンスをものにすること、出会った瞬間に自分という存在に興味をもってもらうことです。

目の前にいるひとりの人に振り向いてもらうために、そして目の前にいるひとりの人に確実にメッセージを伝えるために、どう知恵を使い努力するのか、それがすべてのコミュニケーションの基本のような気がします。

第4章 まとめ

□ 同じような企画も、切り口や見せ方を変えることで新しい企画になる。

□ 対極なものを並列におくことで、対象の個性が明確になり、差別化につながる。

⇓ 差別化　赤と緑のメリハリ補色対比法

□ 発信する側（自分）が伝えたい思いだけのメッセージは相手に伝わらないが、同時に受け取る側（相手）の立場を考えると、とたんに伝わるようになる。

□ イメージできる言葉をどんどんつなげていく「連想トレーニング」が、言葉の幅を広げてくれる。

□ 「人の期待を裏切る」話作りを意識する。とくに、先の展開を想像できるときほど効果的。

あとがき

「藤田さん、本を書きませんか？」

「いいですけど、時間もないし、僕に書けますかね？」

「大丈夫ですよ。ある程度まで書いていただいて、あとはお話ししていただいたことをこちらでまとめますから……」

みたいな会話を始めたのが1年以上も前のことでした。そこから始まった出版話でしたが、何を書けばいいのかまるであてもないまま、喫茶店で打ち合わせを重ねました。その喫茶店での打ち合わせがくせ者で、どうでもいいような世間話や普段考えていることをとりとめもなく話すと、担当の富田さんがやたらに面白がってくれます。「何かスゴイ！」「それ面白い！」「何でそんな発想が!?」何だか打ち合わせをしていると、どんどん気分が乗ってきてあれこれとサービスをしたくなります。そんな感じで打ち合わせを何度かして、いつの間にか完全に本を書くという流れになっていまし

た。すると富田さんは
「じゃあ、まずは書き始めていただくということで……」

と、さらりと言います。

「はあ、じゃあ、出来るところまで頑張ります」

この時僕は、ひと項目かふた項目を、例文程度に書いたら、後はタイトルと目次を決めて、ライターの方に内容をお話しすれば書いてもらえるんだろうなあ、ぐらいに甘く考えていました。

それが全ての間違いでした。

忘れた頃に富田さんはメールを送ってきます。

「原稿、どうですか？　そろそろ春になりますよー」

「来週あたり、書けたところまで取りに伺いますね」

そして、原稿を受け取り、読むとこう言います。

「やっぱり、ご本人が書かないとこうしたニュアンスは伝わらないですよね。書いていただいて良かった」

「すごく面白いです。この先が楽しみだなあ！」

いつの間にか「お話ししていただいてこちらでまとめる」なんて話はなくなっていました。こうして、どういうわけか全部書くことになっていました。

生来、怠け者の僕は少しの時間も有効に使って、一歩一歩前に進むという計画的な作業が苦手です。出来れば、なるべく仕事は先延ばしにして、まとまった時間を作って一気に終わらせたいタイプです。しかしいくつも仕事を抱えているためそんな時間がとれるはずはありません。仕方なく少しずつパソコンに向かって苦悶する日々が始まりました。

これまで自分がやってきたことを、自分なりに分析して分かりやすくその考え方を伝える。これまでは何となく勘を頼りにやってきただけなのでこれは大変なことです。

文章にしてみるとあまりに馬鹿馬鹿しかったり、あんまり面白くなかったりと、書いては消し、消しては書くことの繰り返しでした。それでも書いているうちに自分なりに、なぜそう考えるのか、なぜそうしていたのか、どうしてこれが役に立つのかなど、改めて整理することが出来ました。
「なるほど、これにはこんな意味があったのか！」

まとめてみて、自分でも初めて知る発見もありました。

ここに書いてきたのは多くの人たちに観てもらうための、自分なりのテレビ番組作りの基本的な考え方ともいえるものです。これが皆さんの生活や仕事、日常の暮らしにどう役立つのか想像できませんが、もしかすると、気むずかしい取引先の偉い人との会話や、商談の接ぎ穂に、初めてお話しする人とのつかみに使えたりするかもしれません。

テレビ番組作りを始めた頃、先輩たちにずっと言われ続けてきたことも多く含まれています。その根幹にあるのは、番組は全て視聴者のためのものという考え方です。誰のために番組を作っているのか、分からなくなったらいつもそこに帰れ、と教えられてきました。観てくれる人をイメージして相手の立場になって、分かりやすい言葉で優しく伝えること。

人にものを伝えるということは、きっとそういうことなんだと思います。

この本を書き始めてそんな基本的なことを改めて思い出させてもらいました。

それもこれも、最初に知り合ったKKロングセラーズの真船さんと、担当していただいた富田さんのおかげと感謝しています。

書き終えた今となっては、

「藤田さーん！　原稿どうですか？　冬になりますよー」

富田さんのこのメールが来なくなるのが寂しくてたまりません。

この本がみなさんの何かのお役に立つことがあれば何よりの幸せです。

〈参考文献〉

『イマイと申します。―架空請求に挑む、執念の報道記録』／日本テレビ『報道特捜プロジェクト』著（ダイヤモンド社）
『「心理戦」で絶対負けない本』／伊東明・内藤誼人著（アスペクト）
『日テレ放送用語ガイド』

「伝わるコトバ」の作り方

著　者　　藤田　亨
発行者　　真船美保子
発行所　　KK ロングセラーズ
　　　　　東京都新宿区高田馬場 2-1-2　〒 169-0075
　　　　　電話（03）3204-5161（代）　振替 00120-7-145737
　　　　　http://www.kklong.co.jp

印　刷　　中央精版印刷（株）　　製　本　（株）難波製本
落丁・乱丁はお取り替えいたします。※定価と発行日はカバーに表示してあります。
ISBN978-4-8454-2403-0　Printed In Japan 2017